今、これを読んでおかなければ、という強い気持ちに
動かされて買った。
2006.1.24(火)

一生懸命って素敵なこと

林文子

草思社

まえがき

二〇〇五年七月に私の一冊目の本（『失礼ながら、その売り方ではモノは売れません』亜紀書房）を出版したところ、その反響の大きさに誰よりも私自身が驚いた。

講演などで自分のキャリアについてお話しする機会はあるのだが、私の話のあとに「本を読み励まされた」と直接声をかけてくださる方もいる。あるいは「たいへん感動しました」というお手紙をくださる方も多い。

と同時に、

「セールスマンになる前のことをもっと知りたい」

「セールスマン時代のエピソードをもっと読みたい」

「クルマの世界から流通の世界へ飛び込んだ近況についても知りたい」

そういったさまざまなご要望も寄せられている。

多くの働く女性たちは今の自分の状況に満足しているわけではない。若い人であれば、もっと自分に合った仕事をしたい、もっと上司に認められたい、もっと責任のある仕事をしたいなど、さまざまな願望を抱いている。マネージャー職の女性であれば、どうすれば部下をまとめていけるか、業績を上げられるか、さらに重要なポストをめざすにはどうしたらいいのだろうかなど、べつの悩みもあるだろう。

私がキャリアを積んできたクルマのセールスの世界には、残念ながらまわりに女性はいなかった。自分が「ああいう女性になりたい」と思える先輩もいなかったし、悩みを相談できる仲間の女性もいなかった。

他の業種、他の職業の女性たちは私ほど極端な状況ではないだろうが、やはり、多かれ少なかれ、働く女性としての問題、悩みを抱えている。そして悩みを聞いてもらえる上司がいなかったり、目標とすべき先輩もなかなかまわりにいない。だからこそ、私の本を読んで、共感したり感動してくださるのだろうと思う。

自分自身についてあれこれと客観的に語るのは気恥ずかしく、きわめてむずかしい作業だが、私のキャリアが、若い女性たちにとって少しでもお役に立てるなら、なんとしてでも書かなければならない。そういう思いから、本書を出版する運びとなった。今回は、人との出会いで育てられた半生を、仕事を中心に、素直に書き綴ることとした。講演でお話しする機会もあるが、残念ながら講演では時間も、聴いていただける人数も限られている。本であれば、いつでもどこでも読んでいただけるはずだ。

二十八年間働いてきたクルマ業界を飛び出し、今また新しい分野でチャレンジの真っ最中の私だが、働く女性たち、とくに若い女性たちに心からエールを送りたい。私のこれまで歩んできた道のりが、少しでも働く女性たちの励み、ヒントになればと願っている。

もちろん、若い女性だけではなく、幅広い年代の女性、そして男性にも読んでいただければ幸いである。

一生懸命って素敵なこと——目次

第2章　幼い頃から人が好き

第3章　トップセールスマンへの道

第4章　経営の要点は〝人〟である

第５章　女性の力が企業を活性化する

第1章

私がダイエーでやっていること

思いきってダイエー再建を引き受ける

二〇〇五年の一月、当時BMW東京の社長だった私のところに会いにこられた方がいた。のちに、ダイエー再建のスポンサーとなる企業の方である。

「林さんはこれまで業績が低迷していた会社を、みごとに回復させてこられましたね。今、ダイエーは大変な状況なのですが、営業のプロ、再建のプロである林さんからご覧になって、ダイエーをどう思われますか」

と聞かれた。私は、

「まちがいなく再生すると思いますよ。私はこれまでずっと小売業をやってきたのでわかります。実際のダイエーのお店に行けば、働いている方はとても元気だし、活気に満ちた雰囲気じゃないですか」

とお答えした。

当時、ダイエーを外部から見ていて感じたのは、お客様の視点、あるいは現場で働く人たちを忘れてしまっているのではないかということだった。経営陣と現場があまりにもかけ離れている。ダイエー関連のニュースを見ていると、幸せそうな人の顔を見たことがなかった。経営陣はなんとか再生させようと必死でもがいている。その懸命さが伝わってきて、見ていても息苦しくなるほどだ。そのいっぽうで、それぞれのお店では以前と変わらず、従業員はそこで働き、お客様はふだんどおり買い物をしていらっしゃる。

たしかに会社全体の窮境状態は深刻である。一兆円を超える借入金の前で、財務処理に手をとられ大胆な販売施策を打てずにいるようだ。設備も老朽化しているが、投資もままならない。しかし、ダイエーの売り上げというのは、毎日それぞれの店で五円、十円レベルの金額が積み重なって成り立つものだ。この状態が続けば、ますます店の営業力が落ちてゆくのは目に見えている。

産業再生機構が入れば、債務超過が解消されて、時代に遅れた店舗に再投資をして建て直しや改装をおこなうことになるだろう。

「大胆なリストラを含めた事業計画を建て、現場で働く人々の士気を上げて、それぞれの店舗で毎日きめ細かくマネジメントすれば、まちがいなく再生すると思います」

と私は申し上げた。自動車の小売りの業界でやってきた経験と勘がそう言わせた。

「どうしてこんなふうに、現場と経営陣がかけ離れてしまったんでしょうね」

そのときはそんな会話をしたと思う。後日、

「経営の仕事を引き受けていただけませんか」

と、正式な打診を受けた。

「買い物に来られるお客様の八割が女性なのに、女性の視点が足りないのです」とスポンサー企業の方は言われる。自動車業界もそうだが、流通業というのは男性主流で、女性の経営者はほとんどいない。それだからこそ女性にぜひやらせてみたいという意志が強く感じられた。私自身も、女性が経営陣に参加することは大変意義のあることだと思った。

これまで二十八年間自動車の販売をしてきて、現場の第一線にいたのが二十二年間。現場の人間の気持ちが手にとるようにわかる。ダイエーのお店で働いている方々については、一生懸命やられているのに経営状態が思わしくなく、外から見ていてもひじょうに気の毒だと思っていた。小売業は人の商売ともいえるから、現場の人の気持ちをより共有できる人がトップを務めれば、会社は絶対よくなるはずである。

もうひとつ、これは私自身の心情として、日本の会社で働きたいという気持ちが強まっていた。BMWやフォルクスワーゲンという外資系企業にいて、外資だからこそここまでやってこられた。しかし私のキャリアをもっとさかのぼれば、十八歳で東洋レーヨンのOLになったことから始まる。私という人間は、日本の会社で、いわば丁稚奉公《でっちぼうこう》のように働いて育ててもらったようなものだ。私も五十九歳になっていたので、そろそろ原点にもどって、日本人のために、日本人がやっている会社で働きたいという気持ちがあった。まして今の日本の状態を見ていたら、ますます日本人のために働きたいという気持ちが高まっていた。

ダイエーは国をあげて再建をしようとしている大企業である。その会社に女性のトップを据えたいという。そのとき私は、日本も変わってきたなと思った。ほんとうの意味の男女協働の時代がやってくる。

これはまさに天命だ。私は思いきって新しい世界へ飛び込む決心をした。

ダイエー代表取締役会長兼ＣＥＯ（最高経営責任者）。これが私の新しい肩書きとなった。新しい経営陣は、代表取締役社長兼ＣＯＯ（最高執行責任者）に日本ヒューレット・パッカード社長であった樋口泰行氏。そのほか商社マン、アナリスト、弁護士、流通小売りのプロである生え抜きのダイエー社員……と、多士済々の各分野のスペシャリストがそろった。ダイエー再生にビジネス人生のすべてを賭けて集まった仲間たちである。

朝市で野菜を売って感動

このところ私は月に一度、かならず朝市《あさいち》に出かけている。といっても買い物をするためではない。全国のダイエーでおこなっている朝市セールで、朝九時から昼の十二時まで、本部の管理職とともに野菜や果物を売っているのだ。

店舗の外に特設売り場を設けて、安くて新鮮な果物や野菜をはじめとして食料品・日用品・衣料品をお売りする。お客様も楽しみにして大勢並んでくださっている。

野菜を並べた売り場をはさんで向こう側にお客様がいらっしゃる。腕を伸ばして野菜やお金のやりとりをするのはなかなかハードな仕事で、三時間つづけると、足腰にくる。しかし、お客様とのふれあいはなんともいえず楽しい。

胸に名札はつけているが、私もほかの社員と同じエプロンをつけている。ほとんどのお客様は気がつかれないが、ときたま気づく方がいらっしゃって、私の顔をのぞきこむ。

「あっ、やっぱりそうだ。会長さんでしょう」

「はい、いつもありがとうございます」

「いや、頑張ってください」

そんなふうに励ましていただくこともある。

ある店舗の朝市で、私の隣にはパートタイマーの女性が働いていた。年齢はおそらく五十代後半だろうか。その人は、私が当日朝市に出ることを知らなかった。私の不慣れな様子、もたつく様子を彼女は隣で見ていた。ベテランの彼女はイライラしたのだろう。

「ちょっと、早くしなさい」

と、檄《げき》を飛ばす。もっともである。ひとりがもたもたしていると、お待たせするお客様もどんどん増えてしまう。

そして、私がお客様からいただいた野菜の代金を、金庫に入れずうっかりエプロンのポケットに入れると、

「あら、そこに入れちゃだめよ！」

とひどく叱られてしまった。

「申しわけありません」

と私。

彼女の言うことは正論だった。一時的にしろ、自分のエプロンにお金を入れたりしてはいけない。私は彼女の注意を真摯に受けとめ、その後も野菜の販売をつづけた。あいかわらず彼女はもちろん私が誰であるか気づいていなかった。私の顔はご存じだったのだが、なにしろ忙しいから隣にいる人間の顔などろくに見ていない。

それから三十分ぐらいたったときだった。きゅうりを買ってくださった女性のお客様が、

「あのー、会長さんですよね。そうだ、林会長だわ」

と気づかれたのだ。するといっしょにいらっしゃったご主人も、

「いやあ、林会長、頑張ってくださいね」

と声をかけてくださった。気の毒なのは私のとなりにいたパートの女性である。

「えっ、会長！」

と叫んで、その場でフリーズしてしまった。

しかしともかくも朝市の間は手を休めるわけにはいかないので、私たちは皆、その後もなにごともなかったように仕事をつづけた。

朝市のあとで私のところへ店長がやってきた。

「パートの女性が『私、林会長にすごく失礼なことを言っちゃった。どうしましょう』とひどく恐縮しています」

とおっしゃる。

「あはは。何をおっしゃるんですか。私がうっかりポケットにお金入れちゃったら、そこに入れちゃだめだと注意してくださって。すごくしっかりした方でしたよ。何も気にされる必要ありませんと伝えてあげてください」

私はダイエーの底力を見た気がした。一パートタイマーの人まで、じつにしっかり教育がなされている。そして仕事に対してほんとうに一生懸命なのだ。むしろ私は、彼女に感謝の念でいっぱいだった。

朝市は、お客様の心理や行動を現場で実際に見る、またとないいい機会でもある。経営者はただオフィスで旗を振っていればいいわけではない。それももちろん大切な仕事だが、そのいっぽうで、実際の現場に足を運び、店員とお客様がどういうふうに話しているか。あるいはお客様はどこに手を伸ばして、何を買い物カゴに入れられるか、自分の目で見ないといけない。

それを見なくなったら、『鬼平犯科帳』によく出てくる「勘働き《かんばたら》」、マネジメントの勘働きが悪くなる。現場に経営者が出て行くことは、とても大事なことだ。報告書を読むだけではお客様が何をどんなふうに買うか、わからない。肌で感じなければいけないと思う。

そういう意味で、朝市は大事な場である。直接、お客様はどういう顔をして買われるかを見ることができるまたとない機会なのだ。なすやきゅうりを前に真剣な顔つきでじーっと見つめて、どれにしようか考えているお客様。これがたまらなくいい。私はそういう人の姿に感動する。

朝市での話だが、五百円のメロンを買おうかどうしようか三回売り場を往復されて迷われているお客様がいらっしゃった。じっとメロンを眺めては考えて売り場から去り、また戻ってこられて迷っていらっしゃる。三度目に戻ってこられたとき、私は思わず、

「奥様、このメロン大変お安くなっていますよ。いかがですか」

と声をおかけした。すると、

「一週間後にお客さんが来られるんだけど、このメロン、食べごろはどう?」

「ええ、大丈夫ですよ。まだ堅いですから、一週間後あたりがちょうど食べごろですよ」

とお勧めした。こうした言葉のやりとりで買っていただく。嬉しい瞬間だ。また、五百円の買い物のために三往復する真剣さ。これが主婦の気持ちなのだ。あの一生懸命さに勝るものはない。生活者は尊いと心から思った。

スーパーマーケットはとにかく面白い

私はスーパーマーケットの売り場が好きでたまらない。売り場に行くと、種類も色も大きさも違う、さまざまな商品が陳列されているが、それらがすべて、ディズニー映画の一場面のように、私に向かってしゃべりかけてくる気がするのだ。清潔で明るい売り場の商品は、どれもピカピカ光って見える。自分が売る商品だからこそ、命があるように思える。

スーパーマーケットは品目が多いので大変だが、同時に、すごく面白い。自動車は腐らないから長く置いておけるが、生鮮食料品はそうはいかない。だからよけい、一日一日が真剣勝負である。

これまで私が働いてきた自動車業界、とくに輸入車は一台五百万、六百万、ときには一千万円という単位の商品だった。それがスーパーでは一転して、卵一パック数百円、お野菜ひとつ数十円といった単位の世界である。

「とまどいや違和感はないですか」

と訊かれることがある。

不思議に思われるかもしれないが、これがまったくといっていいほど、とまどいや不安を感じなかった。高級車にしろ、日々の食材にしろ、売る側、買う側も同じ人間であることに変わりはない。むしろ、このこまごました商品の流通の世界が新鮮で、面白くてしかたがないのだ。スーパーマーケットというのは、商売の楽しさ、商売のつらさ、商売の醍醐味がすべて凝縮されて詰まっている気がする。

その日、その日が真剣勝負で、一日たりとも気が抜けない。たとえば、今日は天気が悪い、雨が降るという日は、どうしても客足が遠のく。お客様は部屋から出るのがおっくうになる。お給料日前とお給料日直後では売れるお肉の値段も変わる。暑いとき、寒いとき、売れる商品が違う。

また、小池百合子環境大臣が提唱した「クールビズ」に合わせて、その関連商品がいち早く店舗に並べられる。

こうやって売り場も商品も、毎日毎日変化させつづけなければならないのがスーパーマーケットなのだ。市況を見ながら、ニュースを見ながら、天候の具合を見ながら、売れ筋を見ながら、一日一日、何をどれだけ置くかという、仮説と検証をくり返す。まさに科学でもある。

たえず緊張を強いられる商売ではあるが、その分、読みが当たったときの喜びは大きい。まことに面白みのある商売である。

まず最初はトイレの改修から

私がダイエーの会長となって真っ先に取り組んだのは、全国のダイエー店舗を視察し、必要に応じて労働環境を改善することだった。店のバックヤードが老朽化して、労働環境が悪化していたので、それをまず手直しして、皆さんに気持ちよく作業してもらうことが最初だった。具体的には、店舗の従業員専用のトイレをきれいにすることから手がけた。

企業の再建と従業員専用トイレの改修。いったいどういう関係があるのだろうと思われるかもしれない。ダイエーを再建するためには利益を増やさなければならない。利益を増やすには、お客様へのサービスをよくして、いい商品を提供して、より多くのお客様により多くのお買い物をしていただくことだ。では、お客様へのサービスをよりよくするためには、何をすべきか。

ビジネスの世界では、CS（Customer Satisfaction＝顧客満足）とES（Employee Satisfaction＝従業員満足）という言葉がある。これまで私が、経営者としてことあるごとに言ってきたのは、「CSの前にESありき」ということだ。これは、自動車業界であろうが、ダイエーのような流通の世界であろうが、まったく同じである。

これはもちろん、お客様に満足していただくことをないがしろにするという意味ではない。お客様によりよいサービスをお届けするためには、従業員もその職場で働くことが幸せで楽しくなければならない。明るくいきいきとしたお店の雰囲気はおのずとお客様に伝わる。まず、従業員が豊かな気持ちで働くことが、どんなビジネスであれ、基本であると考えている。

ダイエーは歴史があるスーパーマーケットであるため、建物や設備も老朽化した店舗が多い。実際にきれいになったトイレに、従業員の皆さんは大変に喜んでくれた。

お客様と生活意識や生活空間がいっしょでないとよいサービスは提供できない。店舗をめぐって従業員の皆さんにいつも、

「皆さんとお客様は双方が幸せな関係でなくてはいけませんよ」

とお話しする。双方が幸せでなければ、けっして真のサービスというものは提供できない。結果、労働意欲が高まれば、おのずと成果は出てくるのだ。

不安を抱かず、成功をイメージする

ダイエーの再生計画は、三年間で仕上げねばならない。そう時間はない。しかし、不思議と

不安は感じない。なんといっても小売業、しかも流通の世界は、手がかりがひじょうにある商売だからだ。

メーカーは、お客様の顔が直接には見えない。商品そのものを創り出していく世界では、商品価値と広告宣伝の勝負になるのだ。もちろん絶えず検証し、現場からフィードバックさせるが、売れるかどうか、かなりの賭けでもある。

いっぽう、私たちのスーパーマーケットでは、お店に毎日お客様が来てくださる。お客様がじかに見える。売り場で一生懸命声を嗄《か》らせば、それだけお客様が足をとめて商品を買ってくださる。お客様が手の届くところにいらっしゃって、自分たちの努力しだいで売り上げも伸びる。それが小売業だ。私が不安感を抱かないのは、おそらくそのためである。

また、これまでの私の人生は、一生懸命信じてやればできると思ってやってきて、幸いにもその予想がはずれたことはない。その習慣がいつしか身についた。成功するというのは、その習慣があるかどうか。成功のイメージを持っているかどうかが重要だ。

もちろん私も最初から、成功ばかりをおさめてきたわけではない。むしろその逆で、さまざまな挫折を経験した。高校を卒業して東レに入社したときが第一の挫折である。夢いっぱいで入ったら、とんでもない。仕事は男性社員の補助ばかりで、上司には叱られてばかりの毎日。何度も転職を重ねたが、当時、高卒の女性に一人前の仕事を任せてくれるところはどこにもなかった。

自動車業界に入ってからは順風満帆で大成功したように思われるかもしれないが、じつは苦しいこともたくさんあった。女性だからと差別を受けたり、足を引っ張られたりしたこともある。

ただ最後はいつも、結局人に助けられた。さまざまな困難を乗り越えて成功してきたという思いが強い。今だって苦しいことは山のようにあるが、かならず乗り越えられると信じている。過去の自分の経験の積み重ねが、私に自信や度胸を与えてくれている。誰かから請われ、望まれることに感謝し、精いっぱい応えようと努力しつづけてきた生き方に、まちがいはないと信じている。

オープンで信頼しあえる空気が必要

ダイエーに来て最初に感じたことは、温かい雰囲気のする会社だということだった。皆、大変礼儀正しい。いきなりぽつんとひとりでやってきたのに、違和感なくなじむことができた。普通であれば、多かれ少なかれ身構えられるものだが、それがない。取り扱うものが違うとはいえ、小売業をやってきた人間同士には相通ずるものがある。

もちろん、私も経験を積んできたというせいもある。ＢＭＷに十二年間いて、フォルクスワーゲンにいきなり社長として行ったときは、最初はとまどうことが多かった。なにぶんにも創立三十年を経て女性社長は初めてである。会社や社員になじんで、業績も順調に回復した四年半後にはまた古巣のＢＭＷに社長として戻ることになった。

戻ってこいと言われ、一人で戻っていくのも、なかなか勇気がいるものだ。昔取った杵柄《きねづか》とはいえ、支店長をやっていた人間が社長として戻っていきなり、「皆さん」などとやるわけである。私よりもむしろ、迎え入れるほうにずいぶん抵抗があったと思う。しかしこうした二つの経験があるから、新しい会社に一人で飛び込んでゆくことに不安がなくなった。

だいたい人の気持ちはどこに行っても、最後はいっしょだという思いがある。つまりは同じ人間なんだから、ということである。

ダイエーに来て三カ月目ぐらいですっかり慣れて、いまやもう、三年ぐらいいる感じがする。私の回りの社員たちも同じ気持ちのようだ。

「まだ三カ月ですね」

と言うと、向こうも、

「いや、そうは思えないですね。毎日が濃すぎますね」

多忙な日々なのだが、不思議とあっという間という感じではないのだ。密度が濃い。毎日はすごいスピードで過ぎていくのだが、長く仕事をしている感じがする。

さて、ダイエーの従業員の皆さんはひじょうに温かい人柄の方が多いのだが、ひとつ気になることがあった。オーナー社長で創業者の、故・中内㓛さんという偉大な経営者のもとで育ってきたせいか、あまり下から意見が上がるということがない。「上から言われたことはきちんとやりましょう」という感覚が行き渡っていて、下から堂々と意見を言う空気がない。そこは変えなければいけない。もっとオープンに、

「社長、それは違いますよ」

「会長、こうしたらどうでしょう」

と言える空気を作らなければいけない。

そして、指示待ち姿勢を変えなくてはと思う。会長と社長が新しく外から来た。ともかく相手には従おうという空気がある。従うというか、まあそれなりの対応をしておこうというか……。もちろん、面従腹背《めんじゅうふくはい》のようないやらしい感じではない。やはり小売業の世界だから、基本は皆さん素直であまり裏表がない。お客様サービスをつねに考える商売人であるから、人に対してはやさしく礼儀正しい。

私は出勤時間が社内でもっとも早いのだが、八時を回って若い人が来たら、「おはようございます」と自分から声をかける。最初のうちはずいぶん驚かれた。役員が自分のほうから挨拶

するというのは、社員たちにとってはひじょうに新鮮だったという。しかし、私から声をかけられると、「なんだか元気になります」とも言ってくれている。

「すみません貯金」で「すみません」を禁止

最初のころは部下を私の部屋にお呼びすると、皆さん緊張して入ってこられた。いったい何を言われるのだろうと不安げである。

私のデスクには「すみません貯金」と書いたガラスの器が置いてある。部下たちが不必要に「すみません」を言うので、そのたびに十円入れてもらうことにしたのだ。そのくらい「すみません」と言うのが癖になっている。たとえば、私の部屋に入って来ると、まず、

「お忙しいところすみません」

と言う。そして話の間中、さんざん「すみません、すみません」と言って、最後に「どうもすみませんでした」

と言って退室する。私が、

「何がすまないんですか。だって、私、仕事であなたとお話ししなきゃいけないし、判も押さなきゃいけないのに、どうして、あなた、そんなにすみませんって言わなきゃいけないの？」

すると、あわてて、

「え？　すみません」

「すみませんなんて言わないで。必要ありませんよ。言うんなら、最後に一言、『ありがとうございました』でいいんじゃない？」

「すみません貯金」はたくさん貯まったら、みんなと飲みにいくときの足しにでもするつもりだった。最初はなかなかいいペースで貯まっていったが、最近はすっかり貯まらなくなってきた。私の気持ちをわかってくれたようだ。

また、彼らの「すみません」にも一理あることがわかった。ダイエーの社員は関西人が圧倒的に多い。関西の「すんません」は謝罪だけではなく、ちょっとした挨拶であったり、お礼の意味であったりもする。要するに、彼らの「すみません」は東京と大阪の文化の違いによるものだと気づいた。関西出身の人でも、東京に来ると大阪弁を使わず、標準語で「すみません」と言うから、謝罪に聞こえる。それが癖になっているのだ。

ともかく、「もっと堂々とするように」と申し上げたら、皆さんだんだん言わなくなってきた。

会議などでも、はっきり自分の意見が言えない。とくに若い社員は遠慮がちだ。役員の面々を前にして、怖くて緊張して用意してあったものも言えなくなってしまう。前もって私は、

「大丈夫だから、積極的に発言をしてください」

とハッパをかけるのだが、やはりこわばっている。そこで議長の私が助け舟を出したりして、なんとか話してもらう。

とにかくこうした社員の意識改革や個人とじっくりと向き合う私の姿勢が、大企業のダイエーではある種、新鮮に映るようだ。しかし、これはずっと変わらない私のやり方だ。ダイエーのように会社の規模が大きいと多少時間はかかるが、徐々に浸透してきているように思う。

意識改革をするにはコツがある。それは、私自らが手本を見せることだ。

「コミュニケーションをよくしてください」

といくら口で言ってもなかなかうまくいかない。そういう振る舞いを自ら率先して見せることが大切である。上司は部下に対してどんなふうに話していくのかということを見せる。

「ああいうふうにオープンにしゃべればいいんだな」

そう思ってもらえるといい。

私は、廊下やホールでちょっと立ち話することが多い。なにも立ち話が好きだからというわけではない。こうして気軽に話す姿勢を何気なく、みんなに見てもらいたいのだ。部下に対して会長はあんなにオープンな人なのだと見てもらいたい。私が会長室に閉じこもっていてはいけない。部屋から出て、みんながいるところで、前の日にあった話をしたりする。すると、皆さんが笑って、面白がってくださる。笑顔で一日を始めれば、仕事もおのずとはかどるというものだ。こうしたことを少しずつ広めていけば、会社全体の雰囲気も明るく、活気に満ちてくるはずだ。

歴史や伝統こそかけがえのない財産

ダイエーは今から四十八年前の一九五七年、「主婦の店ダイエー」としてスタートし、日本の流通業の歴史を拓いてきた。それがここまで窮境状態に追い込まれた。

再建するにあたっては、さまざまな計画や目標を掲げているが、何よりも大切なのは、従業員一人ひとりの意識改革である。

これまで私がいたＢＭＷ東京の従業員数は五百人規模、それがいきなり五万人規模の大企業にやってきたわけだが、私にはあまり違和感がない。一軒一軒の店を回ると、その店を通して全体をイメージできるから、とても身近に感じるのだ。

店がたくさんあって全体として成り立つ世界はじつはシンプルである。いわゆる普通の大企業とは、少しちがう気がする。

どこの店へ行っても皆さん、ニコニコして迎えてくださる。そしてなかには、私に会えてうれしいと言って、涙ぐむパートタイマーもいらした。新聞やテレビでしか見たことがなかったのに、実際に会えてうれしいと喜んでくださる。素朴で純粋な心優しい人たちと同じ会社で働けることをありがたいと思う瞬間だ。

日本国中の店を回っている。たしかに体はきついときもあるが、不思議と苦にはならない。飛行場へ降りたら、すぐにお店に直行、次々に店を回る。途中、移動している間に車中から景色を見るぐらいで、観光をする時間などいっさいない。少し残念な気もするが、不満に感じることはまったくない。

なにしろ、私は普通の企業のように、会長然としていられる立場ではない。再建するために請われてやってきたのだから、たとえどんなに忙しくても、体が多少きつくても、これはもう私の使命なのだ。

実際に現場で働いている方々とお会いするのはとても大切だと思う。

「ダイエーのお店は元気がないですね」

と外部の皆さんに言われていたが、私が実際に会った印象ではそんなことはない。みんな頑張って働いている。だいたい、お客様と毎日向き合っている商売人が、つらそうな顔で商売ができるわけがない。ニコニコ元気に声を出している。その会社の窮状は、現場で働く従業員にはあまり実感としてないのではないかと思う。朝、出勤したら、お客様が入ってきて、

「いらっしゃい、いらっしゃい」

そうやって懸命に働いているうちに一日が終わる。お客様は毎日大勢いらっしゃるし、仕事もずっと相変わらず忙しいのだ。

だから経営のかじとりを誤ると毎日懸命に働いてくださっている現場の方々の苦労をまったく無にしてしまう。経営陣は大変な責任を負っている。私は自らの役目として、現場の皆さんに経営陣の意思をしっかりと伝えていかなければならない。それにはじかにお会いして、経営者としてよりもまず、ひとりの人間として、裸になって現場の従業員さんたちと向き合う。自分はどんな人間か、何を考えているのかを肌で感じてもらう必要がある。そうでなければ、いくらりっぱな経営戦略、再建計画を語っても、彼らの心には響かず、届かない。

競合店に比べると歴史があるだけ、自分たちのダイエーは、建物が古く、設備がおくれているとひけ目を感じている従業員さんが多かった。

「ほんとうは、そうではないのですよ」

店舗を回って朝礼で話をするときは、私はこう言う。

「何百億円投資しても、伝統はお金で買うことができません。この私たちのダイエーの売り場を、これまでどれだけ多くのお客様が歩いてお買い物をされてきたか。この売り場には歴史が積み重なっているのです。この建物にはお客様の思いがぎっしり詰まっているのですよ」

売り場で働く人も年配の人が多いと指摘されることもある。年を取っていることは悪いことではなく、いい面がたくさんある。ある店舗のお豆腐売り場には、白髪のたいそう品のよい女性が働いていらっしゃるのだが、お話しすると、ここで十三年働いていらっしゃるという。私はなんだかうれしくなってしまった。同じお豆腐でも、このおばあちゃまが売っていらっしゃると、さらに美味しそうに見えるのだ。これがまさしく私のいうところのお金では買えない価値である。長くやっていればいるほど、人も多様化し、専門化する。新しいお店にはない歴史や伝統こそが、今ここにある価値なのだと訴えると、現場の方々は、

「あっ、そうなんですね」

とひじょうに感心される。

自分たちの良さに気づき、自信をもって計画を実践していただくために、私はことあるごとに、今私たちの目の前にある価値についてお話ししている。

わかりやすい言葉で理念を伝える

ダイエーの再建にあたって、私たちはまず、全国のダイエーグループの従業員約五万人にアンケートをとった。現場の声、実際にそこで働く方々の生の声に耳を傾け、問題点を徹底的に

洗い出したのである。アンケートの結果は経営陣全員でしっかり読ませていただいた。また、全国の社員の中から選抜したチーム「百人検討会」でも、問題点、改善点をじっくり話し合ってもらった。その後は経営陣で合宿をおこない、検討、話し合いを重ねた。

このようにしてまとめあげたものを「新生ダイエーグループミッション」として作り上げ、全国の店舗、全国の従業員全員に浸透するよう、手紙やポスターはもちろん、実際に店舗に赴いて会って皆さんにお話しするなど、コミュニケーションをしっかり育んでいった。

これからどんどん会社が生まれ変わっていく過程を、従業員はもちろん、お買い物に来てくださるお客様にもしっかりお伝えする。新生ダイエーの企業理念、ミッションのすべてのプロセスを内外にわかりやすく見せていく。

それにはダイエーの存在意義、経営姿勢、行動指針などをやさしい身近な言葉で表現した。たとえば、行動指針では、「お客様を第一に」「明るくオープンなチームを」「スピーディに結果を」「挑戦を続けて」「誠実に規範を守って」の五つをあげている。

三年後のあるべき姿という経営ビジョンでは、「新しい日本の小売業スタイル『毎日元気なマイストア』を確立する」としている。二〇〇八年二月期までに再生を完了させ、日本の流通業界の新たな牽引車へ飛躍しようという目標を掲げている。

店舗については、「五感に響く売り場づくり」や、「なるほどという情報の提供」「つねに鮮度感のある店づくり」を目標とした。こうしたミッションをまとめあげるのにじつに七カ月かかったが、再生計画を成功させるための大切な基礎工事である。

わかりやすい言葉が大事だというのが、私の終始一貫した考えである。いくら立派なむずかしい言葉を並べ立てても、肝心の現場で働く方々に伝わらなかったら意味がない。私はこれまでもこうしたことをたえず主張してきたが、共鳴してくれる人がまわりに増えてきた。そういう人たちが、頑張れと励ましてくれる。

ごはんがおいしくなるスーパー

ダイエーは再建にあたり、五十四店舗を閉鎖し、そのいっぽうで存続する店舗を改装。同時に新規のスーパーを出店。店舗全体では、これまでよりもより食品部門を強化する。要するに、「主婦の店ダイエー」としてスタートした当時に戻り、われわれは八百屋であり魚屋であり、肉屋であるという原点を取り戻さなければならない。

もちろん、ただ原点に戻るというだけではない。今の時代のニーズに合った、新しい店舗づくりを進めている。

たとえば十二月に、三軒茶屋に「フーディアム」という新しいコンセプトの実験店をオープンした。キャッチフレーズは「ふだんがおいしい」。そこはコンビニエンスストアと、今までの食品スーパーを合体させた店である。約三百坪のフロアを、コンビニゾーンとスーパーマーケットゾーンに分けた設計になっている。コンビニゾーンではコンビニエンスストアの品揃えを前提に「買いやすさ」を優先させながらも「選ぶ楽しさ」を提供する。スーパーマーケットゾーンでは素材から調理して「おいしさ」へのこだわりをお客様に提供する。今までにないようなおしゃれで素敵なスーパーマーケットに仕上がった。この店のオープンにあたっては、社内の女性チームの提言を積極的に取り入れた。

ライフスタイルの多様化につれて、夜もスーパーマーケットが開いていると便利だという声がある。これまでも夜十一時まで営業してきたが、もっと夜遅くまで利用したいというニーズが高まっている。この店は二十四時間営業だ。

今、私の名刺には、「ごはんがおいしくなるスーパー」というダイエーの新しいスローガンが書かれている。ごはんがおいしくなる、なんと幸せなイメージだろうか。生活の基本、健康の源はなんといっても、ごはんである。ごはんがおいしくなるために、スーパーマーケットとしてさまざまなアプローチをおこなってゆきたい。

たとえば、これからの時代、デリカ（お惣菜）はますます重要になっていくだろう。有職主婦や単身世帯の増加にともない、いわゆる「中食」の需要が高まっている。お惣菜やお弁当部門をより充実させていかなければならない。大切なのは、お客様の欲しいものをどれだけそろえられるか。お惣菜も多様で、皆さんそれぞれお好みがある。また、人気があるからといっていつも同じお惣菜を並べていても飽きられてしまう。お客様の声を聞きながら、毎月内容を変えたり、ご要望にお応えしていかなければならない。

私はあちこちのお店を訪問する日は、最後のお店で、お惣菜を買って帰ることにしている。夫や娘にもあらかじめ告げてある。お惣菜をひととおり買って帰って、家族で食卓を囲む。レンジで温めて食卓に並べてすぐに食べられる。わが家ではこの日を「お惣菜デー」と呼んでいる。味についてはもちろん、「これがよかった、あれは少し味が濃かった」などとかならず担当者にフィードバックしている。

もうひとつ、野菜の鮮度をアップさせること。就任した直後、私はＮＨＫの『クローズアップ現代』に出演して、ダイエーのそれまでの課題である、野菜の鮮度を上げていくことをお約束していた。

これについては二人三脚でダイエーの再建に取り組んでいる樋口社長が社長直轄のプロジェクトを立ち上げた。青果の仕入れルートや販売の仕方を見直し、より新鮮でおいしい野菜を売るべく改善をしてきた。さまざまな過程をへて、九月一日に「新鮮宣言」をダイエー全店でおこなった。新体制からようやく半年たって、その一歩が実現したのだ。

具体的には、野菜を見る「プロ」を増やし、旬の野菜、地場の野菜を増やす。収穫から売り場までの時間をできるだけ短縮し、売り場での管理にもっと力を注ぐなど、さまざまな方法を実現させた。お客様からもご評価いただいている。

スーパーマーケットは大きな可能性に満ちている

十円、百円単位のきゅうりやなすを手に取って、どっちにするか真剣に選んでいる主婦の姿に、私は素直に感動する。こういう方々にダイエーは支えられている。感謝せずにはいられない。毎日、より安くてよりよい品を買おうと頑張っている、そういう方々をダイエーは応援していきたい。

生活の基本中の基本である食生活を見つめ直し、安全で健康的な食生活を送るための手助けをさせていただきたい。また値ごろ感のあるおしゃれな衣料品、便利で高質な日用品、生活全般を色どるさまざまな商品のご提供をさせていただく。スーパーマーケットにはまだまだ可能性があるのではないだろうか。それを探っていけば、社会全体がもっと豊かになっていくのではないだろうか。自分たちで、ユートピアではないが、地域の人たちで守り合う生活をめざしていきたい。

私は朝市で野菜を売った日は、その野菜を何種類かセットにして、たとえば玉ねぎときゅうり、なす、ブロッコリーでひと袋五百円ほどだが、自宅用とご近所四、五軒用に買って帰ることにしている。ご近所の奥さんにお配りするのだが、皆さん、ほんとうに喜んでくださる。

そういう地域のおつき合いの大切さは年齢を重ねるにつれ、ますます身にしみる。私たちは一人ひとりではなく、みんないっしょに生きているんだということを、もっとみんなで共感すれば、生きていることが怖くなくなるとすら思う。

若い母親が子育てに自信が持てなかったり、子供を虐待してしまったりするのも、ひとつには地域の中で人とのつながりがあまりにも希薄だからではないだろうか。

また、私ぐらいの年齢になると、死というものを意識し始める。生まれた時点よりも死ぬときのほうがはるかに近くなってくるわけだから、これは当然といえば当然である。人は死について考えると、不安になったり孤独感に苛まれたりするものだ。しかし、地域で共生している人たちが、もうちょっとおつき合いをやわらかくできれば、やがて訪れる死もけっして怖くはなくなる。人と心で結び合うことは、励ましと勇気を与えられる。

下町などは今でもまだうまく共生している。新興住宅地などは残念ながらそういう空気が薄いことが多いが、隣近所の人と仲良く生活していくことが大切である。そうした地域の中核に、スーパーマーケットはなりうるのではないか。ただ商品が売れればいいのではない、地域のお客様にとって役立つ情報を発信し、なおかつコミュニティセンターのような役割も果たしていけるはずである。

　これからもスーパーマーケットのさまざまな可能性をさぐりつつ、新しい提案をしていきたいと思っている。

第2章

幼い頃から人が好き

築地と歌舞伎座の思い出から始まる

私は戦後間もない昭和二十一（一九四六）年、東京の世田谷に生まれた。物のない時代に育ち、子供たちは母親のお手製を着せられていた。手編みのセーターは小さくなったらほどいて編み直す。質素な生活だが、親の愛情がじかに感じられた。私の幼少時代の記憶は、いつも大勢の人といっしょのものだ。「文子ちゃん、文子ちゃん」と近所の人たちにかわいがられ、世話をしてもらった思い出が多く残っている。社会全体がそういうやさしい雰囲気に包まれていた。

父は戦後、築地の青果市場で、仲買人をやっていた。あれは何歳ごろだったのか、私はよく父親に連れられて、早朝の市場に行った記憶がある。玉電《たまでん》（玉川電車。今の田園都市線）が二子玉川から渋谷まで走っていたが、その一番電車に乗って出かけた。朝の市場の独特の雰囲気は、今でも肌で覚えている。早朝の冷たい空気と、市場で働く男たちの熱気と威勢のいい掛け声。幼い私は、市場で働く父の同僚のおじさんたちにもかわいがってもらった。人がいるところが大好きなのは、このときの影響だろう。今でも、浅草の仲見世だの、上野のアメ横だの、人があふれていて肩と肩がぶつかり合うようなところが大好きだ。

父は市場で働いていたが、そういう仕事に似合わず色白で、指がきれい。おしゃれで、いわゆるいい男だった。若い時の写真を見ると、たいがい、着流しで懐手して歩いている。「踊りのお師匠さんですか」とよく言われたそうだが、それも納得できるほど、粋でハンサムな遊び人だった。

歌舞伎が大好きで、勤め帰りにしじゅう観にいく。もう亡くなられた中村歌右衛門さんをひいきにしていて、「福助」の名前の時代、よく大向こうから「成駒屋！」などと声をかけていたそうだ。福助さんからは「しげちゃん、今日はいい声だったわよ」とあとでお礼を言われたという。

父に最初に歌舞伎座に連れていかれたのは五歳のとき。着物の上にお被布《ひふ》を着せられた。芝居見物にはその格好が一番と、父は考えたにちがいない。

劇場の独特の匂いや役者さんのきらびやかな衣装、お囃子の音。それらすべてが、今でも夢のように美しく記憶に残っている。

歌舞伎座にしょっちゅう連れられていくうち、私はすっかり芝居好きになった。歌舞伎だけでなく、映画にもよく連れていかれた。父が休みの日には、映画に連れていってほしくてたまらない。しかし、市場は朝が早く、きつい仕事だ。休みの日くらいゆっくり寝ていたいのか、なかなか起きてくれない。私は、枕元で、父の耳を引っぱったり鼻をつまんだりして、

「起きて起きて、お父さん、起きて」

と必死で起こそうとする。父に「うるさいね」と言われても、なんとか起きてくれるまで、あの手この手でいたずらしたものだった。

今でもよく覚えているのは、黒澤明監督の『七人の侍』が封切りされた昭和二十九（一九五四）年のことだ。私はたしか小学校の三年生。前評判がひじょうに高い作品で、三軒茶屋の映画館に連れていかれたが、人があふれていて入れない。父は、

「やっぱりだめだ。入れないよ」

とすでにあきらめ顔。時代劇が大好きな私は、『七人の侍』を見たくてたまらなかったが、結局父の言うとおり、ほかの映画を観ることになった。それが林芙美子原作の『放浪記』。主演女優は角梨枝子《すみ》。子供心に、貧しさにめげず生きる芙美子の姿にいたく感動した。今でも鮮烈な印象が残っている。

お転婆だった少女時代

映画『放浪記』に感動するあまり、私は学校の作文の時間に映画の感想を書いた。今思うとずいぶんおませな小学生だ。担任の先生が褒めてくれ、もっといろいろな作文を書くように勧

めてくださった。

残念なことに、当時の作文はもうまったく手元に残っていないが、遠足に行ったあと書いた作文の冒頭部分は覚えている。

「入り口を入ったら、両側にキリンが立っていた。」

遊園地の入り口にきれいに描かれたキリンの看板のようなものがあったのだ。子供にしては、なかなかうまい書き出しだと思う。

今の子供たちはみな作文が上手だが、あのころの子供たちはそれほどうまくなかったように思う。そんな中で私が先生に褒められたのは、小さいときからしょっちゅうお芝居を観たり、映画を観たりした影響で、ちょっと大人びた表現をしていたからではないだろうか。このときの作文は、なにか賞をもらった。

本も好きで、いわゆる文学少女だった。同年代の方ならご記憶にあると思うが、昔、「カバヤ文庫」というものがあった。これは菓子メーカー、カバヤのキャラメルの小箱に入ったカードを集めると、本がもらえるというもの。キャラメルはろくに食べもしないで、必死でカード集めに小遣いをつぎこむ。カバヤ文庫のブルーの表紙の世界少年少女名作全集に心を躍らせた。苦労して手に入れた『少公女』とか『巌窟王』などの本を、時間を忘れて読みふけった。『漫画少年』や『少年画報』『少女ブック』も、毎月、どれだけ楽しみにしていたことだろう。

私は今でもジャンルを問わず、いろいろなことに興味がある。これも幼いときのままなのだろう。そんなふうに育ててもらったことに感謝している。小さいころから一生懸命暗記するほど好きだった百人一首にも親しんだが、これは母の影響だ。小さいころから一生懸命暗記するほど好きだった。学校の勉強は大好きで、小学校の卒業式では答辞を読んだ。

こんなふうに書くと、まるで私が家の中でおとなしく本を読んだり勉強したりする女の子のように思われそうだが、じつは相当なお転婆《てんば》で、外で男の子たちと遊ぶ毎日だった。ほかの女の子はおままごとをしたり、色水《いろみず》を作ったりして遊んでいたが、私はメンコにビー玉。トンボ釣りも好きだった。トンボ釣りというのは、細い竹竿の先にトリモチをくっつけて、オニヤンマやギンヤンマをつかまえる遊びで、つかまえては男の子たちと自慢しあったものだ。当時の世田谷はまだ自然がいっぱいで、畑のまわりでは子供たちの竹竿が飛び交った。

お正月に着物を着て、父と凧上げをしていると、女の子でめずらしいと新聞社が取材に来たことがある。父は自分が大好きな野球を私にも教えようと、小さいときからキャッチボールの特訓をした。幼稚園のころから六畳間の対角線の隅っこに立たされ、布製のグローブ、スポンジのボールで練習をさせられた。中学に入って遠投でソフトボールを投げたところ、なんと全校で一番の記録だった。その成績のおかげで野球部に入らないかとスカウトされた。さすがにそれは断ったが、男子といっしょに野球をやっていれば、それはそれで面白かったかもしれない。

小学校の低学年のころは、とくに男の子たちとチャンバラに夢中だった。それも私はいつも斬り役で、ほかの男の子たちが斬られ役。エイと切りつけたら、「ウウーッ」などと叫びながら、死ぬ真似をしてくれるのだ。

もっと危険な遊びをしたこともある。決闘ごっこと称して、決闘相手から材木置場に呼び出された。お互いに材木の上に乗り、押し合って、落ちたほうが負け。相手の男の子が落っこちてしまった。大人になって同窓会でその男の子に再会したところ、

「これ、覚えてる？」

と膝の大きな傷跡を見せられた。怪我をさせたことは覚えていない。

「文子ちゃんと決闘したときの傷だよ」

と彼は笑っていたが、今考えると、ずいぶんと危険な遊びである。決闘ごっこは一度きりではなかった。当時、道路の舗装のためにコールタールの入ったドラム缶が空き地によく置いてあった。そばにとまっていたトラックの荷台で決闘ごっこをしていたら、相手の男の子がドラム缶の中に落ちてしまった。その子は腰までコールタール漬け。

私が男の子を引き上げたのかどうかも覚えていないが、家に帰って母に叩かれたことを覚えている。無理やり手を引かれて、その家に謝りに行ったら、男の子がタライの中で真っ黒にな

って泣いていた。昔の子供は野性的だったとしみじみ思う。

母はひじょうに厳格で、躾にきびしい女性だった。父が私に甘かったのでよけいに厳しくしなければと思ったのかもしれない。家の中で悪いことをすると、箪笥の取っ手の部分に紐でつながれた。私はお転婆で、目が離せない子供だったのだろう。

小学校五年生のとき父が仕事に失敗して、母はやがて工場で働き始めた。昭和三十年代初め、母のように一度結婚してとくになにか資格があるわけでもない女性は、働くといっても大変だった。母は電気製品の部品を作る工場で働いた。少しでも多く稼ぐため、夜勤を引き受けた。工場は二交代制か三交代制だったが、夜勤のほうが昼間働くよりも時給がいいのだ。母は夕方出かけ、朝帰ってくる日が多かった。

私にとって、女性が外で働くことはごくあたりまえのことである。父親は収入に乏しく、あまり家にもいない。そうした父のために母親が働くことになったのだが、父のせいで母が働いているんだ、家にいられないんだという意識はなかった。母が一度も愚痴をこぼさなかったせいかもしれない。とにかく母はよく働く人だった。

働くことは昔から好き

成長とともに、私の芝居好きはますます高じていった。好きな芝居は何はさておき観に行きたい。母からもらう一日百円のお昼代を食べずに貯めて、歌舞伎座に行くのを大の楽しみにしていた。当時、歌舞伎座の大向こうの一幕見が七十円だった。中学校のときである。

高校生になると、歌舞伎座のついでに志乃多寿司を食べるという楽しみも覚えた。当時地下鉄の銀座駅構内にあった志乃多寿司に寄る。駅の真ん中に暖簾がかかっている店で、ひとりバッテラを食べてから歌舞伎を見に行った。

趣味はさらに広がる。中学、高校時代に、日本舞踊に夢中になった。報知新聞などに昔はよく舞踊の会のお知らせが載っていた。いつどこで、発表会がありますという知らせ。すると私は、その踊りの会に電話して、「すみませんけど、踊りを見せてください」とお願いする。そもそもそうした発表会は、ほとんど身内しか来ない。お弟子さんの親戚一同、知り合いなどが声をかけられて観に行く。それがまったく赤の他人が電話するのだから、かえって喜ばれ、「ぜひいらっしゃい」と無料で見せてもらえるのだ。

実際の踊りを観たら、感激屋の私は楽屋まで押しかけて、「すてきでした。すごくよかったです！」

と、気持ちを伝える。相手も若い娘に素直に言われて、悪い気はしなかったのだろう。こうしてあちこちで踊りを見せてもらううちに、踊りに対する目もだんだん肥えていく。

西川流で上級のほうのお弟子さんは大変踊りがうまく、私の憧れの女性だった。楽屋まで押しかけて感動を伝えると、

「どこに住んでいるの」

住所を書くと、

「また今度踊りの会のとき知らせるから観にきてね」

ひじょうに親切にしていただいた。四十年前にあの方は三十歳ぐらいだったから、今はもう七十歳ぐらいになられているだろう。とてもきれいな方だった。

趣味も幅広かったが、私はアルバイトもいろいろ経験した。少しでも家計の手助けがしたかったし、働くことが好きだった。最初のアルバイトは、小学五年生の夏休みだった。

平河町の貿易事務所で、お茶汲みにつかってもらった。お茶を出すだけの仕事なので、小学五年生でもできた。そこで書生のように住み込みで働いていた大学生が夏休みになると故郷に帰省してしまうので、その間だけ私がピンチヒッターを務めたというわけである。そこの所長さんがていねいに紅茶の淹れ方を教えてくれた。

「今日の紅茶は濃さがちょうどよかったよ」

「紅茶はカップになみなみ注いだほうがおいしそうに見えるんだよ」

今でも紅茶を飲むたびに、その所長さんのやさしい言葉を思い出す。

ともかくそんなふうに小学五年生から中学、高校、ずっと、休みになればアルバイトをしていた。

高校時代の冬休みには、渋谷郵便局で働いた。女の人は年賀状の仕分けである。当時はまだ郵便番号なんてない時代だ。そこで、一枚一枚、下駄箱のように「中央区」「千代田区」……と区分けされた棚に、手作業で分けていく。

この仕分け作業がいかに速いか、ちょっとした余興に、アルバイトだけでコンテストをおこなうのだが、私はいちばん速くて、みごと優勝した。

私は、どちらかというと父に似ている。情が深く、寂しがりやで人が大好きなところ、いろんなものに興味があり、宵越しの銭は持たない……。こうした父親の性格を八割ぐらい受け継いでいる。しかし若いときから社会に出て働きつづけたせいで、クールで合理的なところも身につけた。働き者の母親からもよい影響を受けて、ほどよくバランスがとれている。

花のＯＬになってはみたが……

昭和四十（一九六五）年、私は、東京都立青山高等学校を卒業した。東京オリンピックで日本中が沸いた翌年である。

勉強好きだったが、家の経済状況もわかっていたので、大学進学は当初から考えなかった。それに昭和四十年当時、女子の七割くらいは高校を出ると就職をする、という状況だった。学校には求人案内がたくさん来るが、私は一流企業の東洋レーヨン（現東レ株式会社）の入社試験を受けた。当時、日本航空や東洋レーヨンというと倍率も高く、女子高生の憧れの企業だった。そういう会社でOLになるというのは、高校卒の女子にとって、理想的な就職と思われていた。

ちなみにOLとは「オフィスレディ」という和製英語の略で、私が入社する二年前、昭和三十八（一九六三）年に女性誌が一般公募して使われはじめた言葉である。

入社試験に合格し、私も一流企業のOLになるという夢を実現した。本社は、東京・日本橋にある立派なビルである。

入社して一週間目のこと、いっしょに入った六十数名の新入社員の女性が集められ、勤労課の課長が前で挨拶をした。

「皆さん、入社おめでとう。当社は大変な人気企業で、今回もすごい倍率だったんだよ。その高い倍率をくぐりぬけて、きみたちは入ってこられてよかったね」

そう言われて、私はとてもうれしかった。しかし、そのあとの言葉が、十八歳の少女の胸にぐさりと突き刺さった。

「ところで、きみたちの先輩はね、だいたい五年ぐらいで会社を辞めています」

そういえば職場にいる先輩には、あまり年齢の高い女性はいない。せいぜいが二十五歳ぐらいまでである。課長はさらに、

「なんといっても女の人の幸せは結婚だからね。精いっぱい、五年ほど働いて、あとはいい結婚をして家庭を守ってください」

と言う。今、そんなことを言うと大変なことになるだろう。しかし、その時代は、これが普通だった。課長はべつに女性をバカにするとか、差別をするとか、そんな気持ちはさらさらなかった。それどころか、新入女子社員の私たちのためを思っての言葉だったのである。

これは応えた。晴れて社会人となり、これから堂々とお金を稼いで、母に少しでも楽をさせてあげたい、そういう意気込みで入社したのに、五年も働いたらやめて結婚しなさいという。今でこそ「キャリアプラン」という言葉があるが、当時は、もちろんそんな言葉はない。しかし、自分のキャリアにいきなり蓋をされたような気がした。なんともつらい思い出である。

私が配属されたのは「編物販売部」という部署だったが、仕事はいわゆる事務補助である。お茶汲み、コピー、それからもちろんワープロもパソコンもない時代であるから、台帳つけは手書きだ。男性社員より一時間以上早く出社し、彼らの机の上を片づけ、灰皿をきれいにし、

お茶を淹れて出す。それが女子社員に与えられた仕事なのである。要するに、男性社員が働きやすいよう、仕事をしやすいように身の回りの世話を焼くアシスタントだ。ビル内のトイレ掃除も女子社員の仕事である。みんな交代制で掃除していた。

東洋レーヨンは有名な東大閥企業だったが、もちろん男性社員の中にも高校卒の人はいた。しかし、私たち女子社員はお茶汲み、いっぽう同期で入った数名の高校卒の男子は、入社すぐに先輩について、ルートセールス、営業の見習いが始まる。

大学卒の男性の管理部署は人事課、高卒の女性は勤労課と分けられていた。仕事の内容もはっきり男性と女性では、線引きされていて、高卒で特別なスキルのない女性は、けっして男性と同じ仕事はさせてもらえなかった。

あれほど華やかなイメージの憧れの企業が、実際に入ってみるとこれほど差別に満ちているとは思ってもみなかった。

お婿さん探しという現実

まわりの女子社員にも一生仕事を続けていきたいというような空気はあまり感じられなかった。それどころか、入社して四、五年したら、二十二、三歳の結婚適齢期。結婚しなければ、女性として人生に乗り遅れてしまう。会社にはたまに年配の女性もいたが、まわりはなんだか気の毒な人といった感じで受け止めている。

そして、女性は結婚したら当然会社を辞めなくてはいけない。差別という意識はなく、女の人は結婚したら仕事をやめて家に入る、家庭を守るのが仕事だというのが世間一般の常識だった。

会社はそれまでのほんの腰掛けであると同時に、じつは結婚相手を探す大切な場所でもあった。これは女子社員だけでなく、男性社員にとっても同じこと。当時「社内調達」というあまり品のよくない言葉が使われていたが、要するに、結婚相手を社内で見つくろうといったニュアンスである。あのころのサラリーマンは仕事が今よりもずっと忙しく、プライベートな時間が少ないので、結婚相手を探すのも会社に入ってきた女の子の中から、というケースが少なくなかった。

お正月明けの仕事始めは、女子社員は着物で出勤する。振り袖を着て、ウサギやフェイクの毛皮のショールを羽織り、髪型をアップにして、お化粧もいつもより念入りにする。仕事は半日でおしまい、あとは課の人みんなで街へ繰り出す。私たちの課では、皇居へ行ったり浅草の初もうでに出かけたりした思い出がある。こうした習慣は大手企業では常識で、着物を着て破魔矢などを持って歩く女子社員たちの姿は、当時のお正月風景としてよくニュースで取り上げられたものだ。

今は女同士でビアホールに飲みに行ったり、新橋の高架下のヤキトリ屋にも行くが、当時はとんでもないことだ。女同士で行くなんてことは考えられなかった。それだからこそ課の人みんなで街に繰り出す新年会は、ほんとうに楽しいものだった。あとで考えれば、着飾った新年会など、まさにお婿さんを探す絶好の機会だったのだろう。意識する、しないにかかわらず、女子社員は本能的に結婚相手を探していたはずである。

このときに着物を着ていかないなどということは考えられなかった。それはとても恥ずかしいことであり、みんなから爪弾きにされてしまう。

実際に、ある年のこと、大学卒で同じ部の女性が黒いとっくりセーター姿で初出勤した。あたりは異様な雰囲気に包まれた。この人はなんてなりふりかまわない人なんだろう、なんて常識がないんだろうと、じつに冷ややかな視線だった。

女子社員に望まれる資質といえば、とにかくかわいくて素直がよいという時代である。彼女のように仕事はできても着飾ることも知らない女性は、結婚相手としては考えられなかっただろう。そのころの私は一五八センチで三九キロと華奢《きゃしゃ》で、かわいい感じの女の子だった。仕事もなんでも器用にテキパキこなすし、上司の言うことは素直に聞く、要するに当時の大企業の求める重宝なタイプの女子社員だったから、気に入られてかわいがってもらった。

しかし、十八、九のころの私は、なにかもやもや、もやもやして生きていた。それが何なのか自分でもわからない。何かが違う、自分の求めているものは別のものだという漠然とした気持ちがあるのに、それをどこにぶつけていいのか、どうやって道を切り開けばいいのかわからない。そういうつらい気持ちを抱えて、長いトンネルの中を行く先もわからず走っていた。

こっそり楽しみを見つけていた

ＯＬ時代にも、私はこっそりアルバイトをしていた。われながら根っからの働き者である。東洋レーヨンにいたとき、仕事帰りに品川まで足を延ばして家庭教師をしていた。

働き始めて大好きな日本舞踊を習えるようになり、東洋レーヨンに同期で入った女子社員のお姉さんに教わっていた。そこの稽古場に母親に連れられて通ってくる小学生の女の子が、学校の勉強が大変だというので、面倒を見てあげることになった。北品川の商店街の蕎麦屋さんの娘だった。

会社の仕事を夕方終えて、店の二階で勉強を見ていると、よくカツ丼を出していただいた。こちらは一日働いてとてもお腹がすいているから、美味しくてたまらない。アルバイトに行く日はこれが一番の楽しみだった。

私は子供ともすぐに仲良くなってしまう性質だから、そこのお宅でも大変気に入っていただいた。そのうち、同じ商店街にあるお茶屋さんから「うちでも教えて」ということになり、その小学生の男の子も掛け持ちで教えることになった。

考えてみれば、このころから人にふれる仕事が好きだった。また、これは結婚してからだが、物を売る楽しさも経験した。

猫が大好きで、あるときアビシニアンという種類の猫を、自宅で繁殖させている方から直接買ったことがある。猫の雑誌に載っていたブリーダーさんである。おつき合いを続けているうち、会社の休みにお手伝いを頼まれた。

キャットショーの会場で猫用品を売る仕事だ。猫は大好きだし、何でも見たい、経験したいと、私は喜んでお手伝いすることにした。

キャットショーの会場の入り口付近にいくつかの店が出店されていて、そこの一角で私も店番をする。

「いらっしゃいませー」

「かわいい首輪はいかがですか」

お客さんに声をかけたり、物を介して会話のやりとりをするのが楽しくてたまらない。物を売るのはじつに面白い仕事である。私は一日中、元気で楽しそうに売り子を務めていた。そのせいか、猫用品が売れに売れて、ブリーダーさんにも大変喜んでもらった。

転職して運命の出会いをする

私はすでに二十二歳になっていた。新入社員時代に勤労課の課長の言うところの「一生懸命働いて、そろそろ結婚退職をすべきだ」という年齢に近づいていた。ずっと仕事に満たされないでいた私は、ある日朝日新聞の求人欄で、松下電器のステレオ事業部というところで、事業部長秘書を募集しているのを見つけた。

これが私の転職の始まりである。心のどこかで、男性と同じような仕事がしたいという願望がずっとあった。「秘書」といえば、当時の若い女性にとって、スチュワーデスと並んで憧れの職業である。実際の仕事の内容はよくわからなかったが、とにかく今よりはきっとやりがいのある仕事ができるはずだと私は考えた。おまけに松下電器といえば、やはり一流企業。私のように高校卒で特別な技術や資格がない女性にとってはこれ以上望みようのない仕事のはずだ。

私はさっそく応募の書類を送り、試験を受けた。もちろんまだ東洋レーヨンに辞表は出していない。今の若い人はよく仕事をやめてから、次の仕事を探そうとする。それは収入がとぎれることだし、働いていない期間ができてしまう。当時は履歴書が途切れるのは、転職にはマイナスだった。在職中に次の仕事を探すのが常識なのだ。

試験の結果、私は運よく合格し、東洋レーヨンに辞表を提出した。会社での私はいつも明るく一生懸命働いていたので、大変驚かれた。

ともかく二十二歳の最後のほうで、私は最初の転職をした。松下電器、ここで運命の出会いをすることになる。

入社して三日目のこと、人事課に用事があって書類を届けに行ったら、入り口のところでバタンと人にぶつかってしまった。驚いてちょっと見上げると、背が高く、額が広く、肌の浅黒い男性だ。とてもよく響くいい声で、

「あっ、失礼いたしました」

私は彼の顔をぱっと見て、一目惚れしてしまった。

それから数日後、タイムカード置き場で打刻しようと自分のカードを抜いたら、四つ折りにしたメモがついている。開いてみると、

「事業部長秘書の鈴木（私の旧姓）文子様へ。今月は残業が多かったために、あぶく銭が入りましたので、あなたにご馳走したい」

技術課の林義弘と名前が書いてある。例のぶつかった相手だ。うれしいことに、向こうも私を好いてくれたようだ。

それ以後、彼は積極的に私を誘うようになった。私が仕事を終えて帰ろうとしていると、彼がどこからともなく現れる。

「あっ、鈴木さん、もうお帰りですか。あなた、今日、残業はないんですか」

「今日はくたびれたから早く切り上げたんです」

「それじゃあ駅までごいっしょしましょう」

駅まで行くと、

「ちょっとお茶でも飲んでいきませんか」

昔の男性はなかなか大胆である。今こういうことをすると、ストーカーなどと言われかねない。

私は今スピード経営を旨としているが、その当時から、やはりそういう芽があったのかもしれない。なんと知り合って一カ月で婚約してしまったのだ。

やがて私たち二人のことは社内でも知られ、そのうち人事課の課長に呼び出された。

「鈴木君。なんか恋愛しているという噂があるんだけど、きみ、ほんとうなのか」

「いや、恋愛はしてないんですけど、婚約はしました」

もっと叱られた。

「何を考えているんだ、きみは。なんのためにこの会社に入ってきたんだ。結婚はおめでたいことだけど、事業部長秘書の仕事からは移ってもらうよ」

こう言われてしまった。婚約で幸せな気分に浸っていた私はいきなり現実に引き戻された。せっかく自分で手に入れた秘書という仕事である。結婚するのなら困るといわれても、セクションを変わるのは私も困る。ところが、会社は、どうしてもほかの部署に行ってほしいという。

結局、私は松下電器も辞めることになった。入社したのがたしか十二月で、翌年の夏には辞めたと記憶している。

それから私は立石電機（現オムロン株式会社）に移った。今度はシステム部のデータ処理の仕事である。入社してすぐ結婚式を挙げて、ご祝儀をいただいた。そんな人はいないよと新しい上司にあきれられた。

以後、三十一歳で車のセールスマンとなるまで、私は職場を転々とした。アルバイトも含めると、なんと七つの職場を渡り歩いた。どこに行っても、自分が望んでいたような仕事に巡り合うことはなかった。

つらい思い出が多いとはいっても、ＯＬ時代に学んだこともたくさんある。東洋レーヨンでは、ビジネスマンの基礎を徹底的に叩き込まれた。上に対する礼のつくし方、言葉遣い、挨拶の仕方、それから電話での受け答えなど、みっちり教わった。大企業ならではの徹底した教育である。高校を卒業してすぐの若い時代に、こうしたビジネスの基本中の基本を徹底的に教わったことには感謝している。

松下電器でよかったのは、学歴偏重ではないことだった。学歴を無視した会社なのだ。実力がある人、能力がある人はちゃんと認められる。また年功序列ではなく、仕事に応じた賃金を払うという考えだった。また、松下は社員を大切にする企業である。なにしろ、社内の新聞に「職場に愛の灯を」という大見出しがあったのを覚えている。これだけでも松下の社風がおわかりいただけるのではないだろうか。

「遵法《じゅんぽう》七精神」というものがあって、巻物をスルスルッとほどいて、

「一、産業報国の精神……」

と読み上げていく。それは今でもつづいているそうだ。朝礼で三分間スピーチといったものがあり、社員が順繰りにスピーチするなど、職場での愛情のあり方を、私は松下から教わった。

共働きでやっと念願のマイホームを

結婚後も夫婦共働きをつづけ、私が二十七歳、主人が三十二歳のとき自分の家を持つことができた。世田谷のマンションだったのだが、ここで暮らすうちにやはり庭のある一軒家がほし

いと思い始めた。

そこで三年後、マンションを売り、分譲地の建売りを購入した。これにはいくつかの幸運が重なっていた。好景気でマンションがわずか二年間にずいぶん値上がりしたこと、購入した家は一年ほど売れずに残っていた物件だったので、かなり値段を下げてもらえたことなどだ。家がほしいという私の願いがよほど強かったのか、こうした運に恵まれた。

もちろん即金では無理である。ローンを組んで購入した。主人の会社の共済会からもお金を借りることになったが、若いのにこんなに借金を背負って大丈夫なのかと危惧されたようだ。そこで、

「二人で働いて返済しますので、絶対に会社には迷惑をかけません」

といったような内容の誓約書を書かされた。多額のローンを抱えることに私は少しも不安は感じなかった。どちらかというと主人のほうが慎重派で、多少の心配はあったと思う。

さて、念願のマイホームは緑に囲まれた環境にあり、土地の広さも六十坪と申し分ないのだが、ただひとつ家が小さいのが不満といえば不満だった。結局この家は、私が三十九歳のときに建て直すことになった。今度は設計に十分時間をかけ、満足のいく家となった。

もともと年老いた私の両親といっしょに暮らしたいがために一軒家がほしいというのが私たちの思いだった。しかし、それは実現していない。父が亡くなったあとも、母は相変わらず私

とは同居せず、ひとり暮らしを続けている。和室も用意してあるのだが、ひとりのほうが気楽だからと一緒に住もうとしない。八十を超えて今なお元気で、たまにお友達と旅行するなど、いきいきとした老後を送っている。こういう暮らし方は気丈に生きてきた母にはふさわしいのだろう。

第3章　トップセールスマンへの道

私の人生を変えたセールスマンとの出会い

結婚後共働きをしながら、私たち夫婦はまず軽自動車――スバル・レックスという小さなかわいいクルマを買った。私が二十六歳（昭和四十七年）のときである。クルマが好きで、前からほしいと思っていた。私が運転免許取得中に購入したので、クルマが届いたときにはまだ肝心の免許証が届いていなかった。それでもうれしくて、クルマの中で昼寝をした思い出がある。それほど感激する買い物だった。

免許証が届いて初めての夏、夫婦で山陰地方へドライブ旅行に出かけた。エアコンなしの三六〇ccで、五日間で二五〇〇キロを走破した。一日中走り続け、夕方遅く旅館にたどり着く。運転するのが楽しくてたまらなかった。

その次に買ったのがホンダのシビックだった。マンチェスターグリーンで、内装がベージュ。しゃれたヨーロッパ風の車で、それはそれは気に入ったのを今でもよく覚えている。昭和五十一（一九七六）年のことだ。横浜の家を買う前で、まだ世田谷のマンションに住んでいたが、ある日同じマンションで親しくなった人にこんなことを言われた。

「林さんがクルマから降りたあとの行動パターンがいつも同じなのに気づいたわ」

たまたま私がクルマで帰ってくるときに何度か見かけて発見したそうだが、私はクルマに鍵をかけて少し歩いてから、かならずクルマをいとおしそうに振り返るという。

彼女は七階に住んでいて、ベランダから下の駐車場がよく見える。「林さんはきっとまた振り返るだろう」と思って見ていると、案の定、私がクルマを振り返ったと何度も笑われた。とにかく、それほどクルマが大好きだった。

休みの日には、夫婦でよくドライブに出かけた。交代で運転しながら、あちこちに出かけた。横浜の新居に引っ越すときには、このシビックに乗っていった。

さて、このシビックを買うときにお世話になったセールスマンが、私の人生を大きく変えるきっかけとなった。人生の出会いというのは素晴らしいものだ。どんな人も自分の先生になりえる。私にとってはその人がまさにそうだった。

その男性は実直でいい人だったが、大変おとなしい人で、客である私たちの気持ちを弾ませるようなことは何ひとつ言わない。こちらの気持ちがなかなか通じない。どちらかというとこちらが気を遣う。

何度かその人に会ううちに、私はふっと思いついた。そうだ。こんなにおとなしい人が、その販売店では成績優秀なセールスマンで、大変クルマが売れているという。私はもともと人が好きだし、話し好きで社交的だ。第一、クルマが好きでたまらない。もしかしたら、私にもこの仕事ができるんじゃないだろうか。セールスというのは実績の世界だから、男女差別もないかもしれない……。

そんなことを考えているうちに、新居の近くのホンダの販売店で、セールスマンを募集する広告が新聞の折り込みチラシで入っていた。私はすぐ電話をした。小さい販売店らしく、社長さんが自ら電話に出られた。

「あなた、女の人ですよね」

私はちょっと女性としては声が低くしかもテキパキした口調なので、確信がもてず、そう確かめたのだろう。

「はい。そうです」

「めずらしいねえ。いやあ、その気持ちはわかるけどね、ちょっとむずかしいと思いますよ。当社には女性のセールスの例もないし、この周辺でも見たことないな」

しかし、ここで引き下がるつもりはない。私はあきらめずお願いした。熱意というのはやはり通じるものだ。

「そんなに一生懸命なら、とりあえず会ってあげるからいらっしゃい」

と、面接までこぎつけた。

「社長。例がないというのはおうかがいいたしました。でも、どうしてもやりたいんです。試用期間というのが三カ月ありますよね。三カ月間使っていただいて、もしだめだったら、辞めさせてくださって結構です。お願いします」

社長さんは感心して、

「うーん、こんなにクルマのセールスをやりたいと言った人は、かつて男の人でもいないんだよね。よし、わかった。だめもとだよ。三カ月でだめだったら辞めてもらうからね」

こういう約束で入れてもらった。昭和五十二（一九七七）年、三十一歳のときである。当時の私は血気盛んで、新しいことにチャレンジすることにまったく抵抗感がなかった。

研修は社長自ら

ディーラーの社長は当時おそらく五十代後半ぐらいだったが、じつにいい方で親切にしていただいた。残念ながら今はもうおつき合いはないが、今でも大変感謝している。

当時、全国の中途採用のセールスマンを本田技研が集合研修していた。ディーラーの社長は、この研修に応募してくれた。

ところが、いきなり男性とはっきり線引きされてしまった。本田技研の答えはこうだった。

「残念ですが、今回の研修には、女の人はほかに入っていないし、今のところ大量採用の予定もない。男性だけのところで、しかも泊まりがけの研修に女性一人が入るのは、ちょっとむずかしい」

そういう理由で、断られてしまったのだ。すると社長が、

「林さん。本田技研がだめだというんでね、僕が教えてあげる」

そう言って、社長自ら、三日間教えてくれた。あとになってみると、この研修が大変ありがたいものになった。

社長は、私に、「ホンダのクルマはこうやって売るんだぞ」という営業のノウハウはひとつも教えようとはされなかった。

その代わり、クルマの種類、見積書の書き方、注文書の書き方、自動車保険、ローンの組み方。そうしたことをみっちりと教えてくれた。そして、三日間の研修の最後に、

「先輩に長靴を借りて、裏の洗車場に回ってきなさい」

と言われた。私はさっそくそのとおりに長靴をはいて、ショールームの裏手に行った。

「林君、いいかい。もし最初の一台が売れたら、きれいに自分で水洗いをして、ワックスをかけて、お客様のところにお届けに行くんだよ。プロの洗車の仕方をよく見ておきなさい」

そう言って、社長自らワイシャツの腕をまくり、ていねいに洗車をする。

「さあ、今度はきみがやってみたまえ」

そして最後に運転席のドアを開けて、

「林君。ここがいちばん大切なんだよ。運転席のステップ、上がり框、ここに泥がついていたり、水しぶきがついていれば、奥様のスカートの裾が汚れてしまうよ。ここをきちっとしなさい」

思い返すと、この三日間はじつに貴重な研修だった。クルマのセールスの仕事は売ってからほんとうのサービスが始まると、社長は自ら教えてくれたのである。人から人へ言葉で伝え、体で伝える研修。まさに人肌の伝授だった。

名刺をもって、さあセールスだ

その研修からちょうど一週間後のことだ。「HONDA」と白く染め抜いた大きな黒い営業鞄の上に、名刺が一箱載っていて、社長が、「さあ、どうぞ」と差し出した。ほんとうに夢のようだった。今は女性が名刺をもつことはなんでもないが、私のように、昭和四十年に大企業に入社した女性にとっては、名刺はまさに憧れだった。大企業では、女性はあくまでも男性社員の補助。対外的には、名無しの権兵衛でよかったから、名刺など作ってもらえるはずもない。社会人になってから、名刺をもつことは長い間の私の願いだった。もっとも当時は、女性の名刺は男性のものよりもひとまわり小さく、角が丸いのが特徴だったが、そんなことはかまわない。

ともかく私のビジネス人生の第一歩は、この名刺から始まったのだ。自分の名刺をもてたことがうれしくてたまらない。みんなに見せびらかしたい、配りたい気持ちに駆られた。

社長は私の顔を見て、こう言われた。

「林君。ショールームというのは、ホンダのクルマに関心があって、もしかしたら買おうかなと思って、お客様はお出でになるんだよ。そこにきみがいて、まだ、満足にクルマの説明もできなかったりすると、お客様の買う気をそいで、逃げられてしまう。ショールームにご来店するお客様は、先輩の男性セールスがやるから、きみはともかく外を回ってくれ。営業所にはいないで飛び込み訪問を自由にやってみてくれ」

なるほど、飛び込み訪問なら名刺をどんどん配ることができそうだ。しかし、飛び込み訪問はどんなふうにすればいいのだろう。三日間の研修でもそういうことは教わっていない。そこで先輩社員のところに頼みに行った。

「社長に飛び込み訪問をやれと言われたんですけど、ひとつ例として見せていただけますか」

「いやあ、女の人といっしょにやるのはちょっと恥ずかしいなあ。大丈夫だよ、自分で勝手にやりなよ。きっとできるよ」

あっさり断られてしまった。女性といっしょに回りたくないというのもあるのだろうが、飛び込み訪問など、彼自身がやりたくなかったのだと思う。ホンダは当時、ほとんどカウンターセールス、つまりショールームにやってくるお客様に販売する方式だった。これに対して、トヨタは訪問販売が主力だった。ホンダは、まだディーラーの数が少なく、店ごとのテリトリーが広いため、一軒一軒歩いて回るという気持ちがあまりなかった。ただ、私を雇ってくれた社長はそれを私にやらせてみようと思ったようだ。

まあ、そういうことで、先輩には体よく断られてしまった。思いあぐねているうちに、本屋で、トヨタでトップセールスになって殿堂入りした椎名保文さんという方が書いた本を見つけた。冒頭に「一日百軒訪問した」と書いてある。そうか、一日百軒回ればいいんだ。人間、なにごとも素直なことが一番である。このときも、まず本のとおりやってみようと思った。とにかく百軒。どうやって売ろうかなんてことは思いもしなかった。

一日百軒を目標にする

朝、私は先輩社員より一時間前ぐらい早く出社する。新車の掃除をきれいにして、みんなといっしょに朝礼を受けて、九時半に鞄と名刺を持って会社を飛び出す。飛び込み訪問の範囲は、田園都市線の沿線で、鷺沼からたまプラーザ、江田とか市が尾、青葉台、ときには宮前平にかけてのひじょうに広い範囲だった。

　一軒目。ピンポーン。インターホンのボタンを押す。

「どなたですか」

　奥様の声がする。

「この地域を担当させていただいております、ホンダの林です」

「ホンダの林さん？　ホンダ……あ、車屋さん？」

「ハイ、そうです」

「だめだめ。うちのお父さん、トヨタしか乗らないわよ」

　ぷつんとインターホンが切れた。それでもかまわない。これでまず一人のお客様と言葉を交わしたことになる。

「ごめんなさい。今忙しいから」

　これでもやはり言葉を交わしたことにちがいはない。しかし、お留守の場合は数えない。一日中、一軒、一軒訪ね歩く。インターホン越しであれ、玄関でお顔を見ながらであれ、お客様と言葉を交わしたらそれで一軒と数える。ピンポーン、ピンポーン。とにかく百軒に達するまで、これを続ける。たいていは住宅地だから、今日はこの町内をと決めて歩く。毎日百軒というとてつもないことのように思われるが、当時の私は大変だと思わなかった。

「あら、あなたセールスマンなの」

最初のころは、名刺を渡して、そう言われるだけでうれしくてたまらない。私は根が単純なのだろう。

ただし、自分で決めたことがひとつあった。先輩のセールスマンは外を回っているときでも、昼には一度店にもどって同僚の人といっしょにお昼を食べていたが、私は昼食もひとりでとる。朝の九時半に出て百人を達成するまでは、絶対にお店には帰らない。

昼はラーメン屋のカウンターで、野菜炒めライスをよく食べた。隣に作業着を白く染めたペンキ屋さんがチャーハンとか食べていたりするのだが、そういうところでひとりでご飯を食べるのはまったく平気だった。

とにかく、ひとりとことこ歩いて、ピンポーン、ピンポーン。インターホンを押すと、対応はさまざま。「ハーイ」と元気に出てくる人もいれば、なんとなく不安そうに出てくる人もいる。やさしい人もいれば、つっけんどんな人もいる。人間観察が楽しく、自分なりにお客様へのアプローチの仕方を工夫する毎日だった。

表札にそのお宅の住所が書いてあればそれを書き写し、クルマが置いてあるのを見れば、登録番号やクルマの色、車種などを書きとめる。話をしてくれた方の情報もあとでかならずメモを取る。そして夜八時すぎに会社にもどって、その日一日分のリストを整理する。オリジナルの顧客リスト、お客様ノートを作るのだ。これを毎日つづけた。「明細地図のここに、ちゃんとこの方の家が載っているな」と、楽しみながらおこなっていた。

田園都市線沿線はまだ開発が始まって間もないころで、住民は都心から移ってくる人が多く、ミドルのサラリーマンが主流だった。二世帯住居も多かった。自分たちだけでは家が買えないので両親といっしょに住むというパターンである。

私が当時ホンダで販売していたのは、シビック、それからアコード、シティ、軽トラックのアクティもあった。一九八六年にホンダを辞めることになるが、たしか、この年にレジェンドが出たはずだ。ともかく、私が毎日飛び回っていたエリアのお客様に、ホンダのカラーがぴったり合ったといえる。

いろんな人に毎日出会える。この仕事はほんとうに面白い。これこそ自分が探し求めていた仕事だ、これは天職だと私は思った。

最初の一台の感動は忘れられない

最初にクルマを買ってくださったお客様のことは、今でもよく覚えている。黄色いシビックを買っていただいた。飛び込みでうかがい、後日ショールームに来てくださった若い奥さんで、そのお家に何度も通い詰めて、買っていただくことができた。根負けした奥さんのひとこと、

「じゃあ買うわよ」

その言葉を聞いたときの感動は今でも忘れられない。やったー！　しかし、喜びを顔に出すわけにはいかない。それまでずっと、いかにもベテランのセールスマンのような顔をして話していたのだ。ところが実際には、注文書ひとつ書いたことがない新人である。最初の三日間の研修でひととおりは社長から教えてもらったが、やはり練習と本番はちがう。

喜びで舞い上がってしまったのか、ローンを組むための書類の記入の仕方がよくわからなくなってしまったのだ。今だったらそれこそパッパッパッと作成して、「じゃ、こちらにご印鑑を」とスラスラと言えるが、なにせそのときは初めての商談成立。頭に血が上ってしまってわけがわからない。このままでは契約書類ができあがらない。

しかたなく会社に電話を入れることにした。

「お電話、お借りしてもよろしいですか」

当時はもちろん携帯電話などないから、そのお宅でお借りするしかない。

「あら、いいわよ。どうぞ」

廊下のところで電話をかけて、こそこそ訊いた。

もどって書類をなんとか作成すると、奥さんが、

「あなた、すごいわね。もう長いの」

と感心したように言われる。まさか、「なったばっかりです」とは答えられない。それで、ベテランのふりを続けたが、そうしたら、

「大変ねえ、こんなに時間かかるのね」

と気の毒がられてしまった。

ようやくそのお宅を出たが、書類の作成に二時間半もかかってしまった。歓喜と興奮で、頭の中はからっぽ、黄色い雲が飛んでいるような状態だ。一台目が売れた！　ヤッター！　うれしくて会社に一秒でも早く飛んで帰りたい。

ところが、当時の田園都市線沿線というのはまだたくさん田んぼが残っていたのだが、会社へ帰る道がどっちだかわからなくなってしまった。道をよくわかっていない地域だったこともあるが、よほど興奮状態だったのだろう。会社と全然ちがう方向に走っていた。

あんなに興奮したのは、私もまだ若くて純粋だったともいえる。飛び込み訪問を始めて二十日目のことだった。

後年、社長になって、新人セールスから、

「初めて一台売れました」

と報告を受けると、大げさなくらい褒めて喜び合ったものだ。最初の一台が売れたときの感激と感謝の気持ちが忘れられないからだ。

御用聞きセールスという私のやり方

飛び込み訪問でいろいろなお宅を訪問していると、お客様とセールスマンという立場のちがいはあっても、やはりお互い情がある人間同士。ふと、心が通じ合うことがある。

あるとき、下が六軒、上が六軒、全部で十二軒が入る木造アパートを訪問した。鉄の階段が左右にある。いつもの調子で飛び込みである。

二階のあるお宅のチャイムを鳴らすと、デコラ張りの小さなドアが開いて、きれいな若い奥様が赤ちゃんを抱いて出てこられた。

「どなたですか?」

「この地域を担当させていただいている、ホンダの林です」

「あ、へえー、車屋さんですか」

「ハイ、そうなんです」

「めずらしいわね。私、女性のセールスマンに初めて会ったわ。でもうちは当分、クルマは買えません。お父さんはオートバイで会社に行ってるの。ごめんなさい」

そう言ってドアを閉められたが、その優しい笑顔が忘れられない。

二週間ほどたって、なんとなくまたその若い奥様の顔が見たくなってうかがった。

「あら、また来たの？　無理ですよ、買えないんだから」

しかし、なんとなく気持ちが通じる気がする。またしばらくして訪ねる。

「あら、また来たのね。ちょうど、今、お掃除終わったとこだから、上がっていく？　お茶でもどうぞ」

なんと、お宅に上げていただけたのだ。テレビの終わりかけのモーニングショーを二人で見ながら、世間話をしながらお茶をいただいた。

それからしばらくして再び訪ねた。今度は出てこられない。ドアがちょっと動く感じがして、ドアの向こうから声がする。

「林さん、ごめんなさい。今日はちょっと、私、出ていけないの」

「奥様、どうなさったんですか？」

「風邪をひいちゃったのよ。あなたにうつしちゃうわよ」

「お医者様は？」

「大丈夫、大丈夫」

「お買い物はどうなさるんですか？」

「冷蔵庫にまだ何かあるから。あっ、そういえば牛乳がなかったかしら」

とっさに私は、

「じゃあ私が代わりに買ってきます」

一リットルの牛乳パックを買ってもどってきた。奥様には大変感謝された。このことが、その後の私のセールス活動のヒントになった。

ともかくそのとき私は気づいた。

——そうだ、私は招かれざる客なんだ。このお客様にとって、べつに必要がない人間なんだ。私が勝手に彼女のところに押しかけている。この、ご縁もなくて、いきなり行った人間に、声をかけてくれて、おまけにお茶までご馳走してくれた。風邪だというのに起きてきてくれた。「ごめんね」とまで言ってくださる。

なんとかこの方のお役に立たなくてはいけない。そうなんだ。私は勝手にお客様の生活のリズムをくずして、お宅に飛び込んでいるんだ。私がお客様にとって安全な人間というだけではだめ。「ああ、あの人が来て、ちょっと、今日は面白いことを言ってたわ」それだけでも足りない。「あの人が来たら役に立って、私は助かっている」そこまで行かないと、ほんとうにホンダの話、クルマの話はできないと思いいたった。

それからはいろんなお宅に飛び込みしながら、御用聞き、便利屋をするようになった。

「林さん。お庭は見ないで。手入れができてなくて……。せっかく庭を作ったのに、植木屋さん、それっきりなかなか来てくれないのよ」

最近は、植木屋さんも競争がはげしく、アフターケアをきちんとするが、昔はけっこう一度庭を作ったらやりっぱなしということもあった。さっそく私は、

「近所で親切な植木屋さんを知っていますよ」

とご紹介する。

「おじいちゃん、おばあちゃんを歌舞伎に連れていきたいんだけど、いい席が取れるかな」

「私、知り合いが歌舞伎座にいますから、チケット買ってまいりますよ」

こんなふうにさまざまな御用聞きをするのだ。

そうこうしているうち、百軒の訪問を終えて会社にもどってきた私あてに、お買い物セールスのきっかけとなった若い奥様から電話があった。

「あ、林さん。帰ってきたとこ?　ちょうどよかった。あのね、今日、会社にいるお父さん(ご主人のこと)から昼休みに電話があって、部下の人が、ホンダのクルマを買いたいと言っているんだって。林さんに紹介したほうがいいんじゃないかって電話がかかってきたんだけど、どうしますか」

思いがけなかった。私はいつも昼間奥様をお訪ねしていたので、ご主人様にお目にかかったことはなかったのだ。ともかく、教えていただいた番号の方に電話して、さっそくうかがうことになった。若い男性だった。

「ああ、あなたが林さんですか。いやあ、課長から、いつも林さんの話を聞かされてるんですよ。たいそう親切なんですってね。僕、近所のホンダからカタログもらってきましたし、もう試乗もしたんです。毎晩セールスマンが来て気の毒なので、すぐ決めますから」

そのセールスマンの人には大変申し訳ないが、在庫があればすぐ買うと言ってくださっている。こんなチャンスはない。本社に電話をしたら、在庫があった。

これで一台売れた。私はまったくその若い奥様に、クルマを買っていただくなんていう気持ちはなかった。ただ営業活動の途中にうかがうのが楽しかったのだ。

「いいわね。いつもスーツ着てるの？　そんなふうに」

「はい」

「子供を育てていると、スーツを着る機会もないのよ。昔はね、私も会社にスーツ着ていってたけど、最近着る機会がないから、いいな、うらやましいな」

そんなふうに奥様の話し相手になるのが楽しい。クルマを売ることは頭の中からまったくとんでいた。そうしたら一台売れたのだ。

思えば、いい時代、人のやさしい時代である。ホンダに入ったのが昭和五十二（一九七七）年で、まだ人の気持ちが通じる時代だったのだ。夜遅く行っても、それをお客様が受け止めてくれた。今、夕飯時に行ったら、「何よ、プライベートを侵して」と叱られてしまうだろう。そんな昔の時代の話をしても、今の人にはピンとこないかもしれない。

ともかく私は悟った。営業というのは、朝、出勤して、「所長、おはようございます。ただ今から営業活動してまいります」ではないのだ。ご縁があって出会った人に、今このひととき、五分でも十分でも、この方のためになりたい。楽しい気持ちでお別れしたい。こういうことを一生懸命、毎日やっていけばいいのだ。そうすれば、後から数字はついてくる。このことをお客様に教えていただいた。

お客様と生活感が合ってこそ言葉が通じる

クルマのセールスマンになったのは三十一歳のときだが、あとで思うと、これはちょうどいい年齢だった。昼間訪問すると、お家にいらっしゃるのはたいてい奥様かお年寄りだ。私は二十三歳で結婚して三十代に入っていたから、お客様と生活感、生活意識が近い。既婚の女性であることも、お客様に安心していただけた要素だと思う。これが若い男性のセールスマンではすぐにはドアを開けてもらえないし、お客様と話がはずむということにはならないかもしれない。

あるご夫婦と親しくなって、お二人の間に入って、夫婦喧嘩の仲裁をしたこともある。そのご夫婦は、自動車販売の業界用語でいえば、「既納客」。要するに、一台買っていただいて、その後もおつき合いがあって、何台も買い替えていただいていたお客様だ。知り合いの方も紹介してくださるお得意様だった。ある晩訪ねていくと、夫婦喧嘩の真っ最中。リビングルームに上がらせていただくと、ご主人がひとりでお酒を飲んでいた。

「あ、ご主人、どうしたんですか」

「喧嘩しちゃったんだよ。二階に行って様子見てきてくれる」

二階では奥様が泣いていらっしゃって、このときはひたすら聞き役を務めた。思い出すと、ちょっとせつない思い出である。

そうかと思うと、年配のお客様から「息子の嫁に」と、えらく気に入られたという笑い話もある。まだセールスを始めたばかりのことで、当時、童顔でやせていた私は、おそらく実際の年齢より若く見えたのだろう。地元の農家の方だったが、うちの後継ぎの息子のお嫁さんにきてほしいと言われた。あわててもう結婚していると申し上げた。

男性のお客様からそれとなく好意を寄せられることもあった。セールスマンはお客様と仲良くなることは大切だが、恋愛感情のようなものは困る。そこはやはりビジネスであるから、距離をおいて、きちんと線を引いておかないといけない。

負けん気と体力でどんどん働いたあの頃

当時はほんとうによく働いた。だいたい朝八時に出社して、九時から外回り。夜の十時、十一時などはなんでもなかった。忙しいときは夜中の十二時、午前一時と、一日十六時間ぐらい働いた。

こんな働き方だったので、平日も土日も夫と家で過ごす時間はほとんどなかった。こう書くと、夫はさぞ我慢づよい性格と思われるかもしれないが、彼も帰りが遅かった。松下電器の工場併設の事業部は、朝は八時くらいから始まり、夕方五時前に終わって、そこから残業が毎日三時間以上あった。昔は社会全体がよく働いていた。

それに夫は、

「奥さんに、家でじっと待っていられるのはいやだ。きみが外で好きな仕事をしているので、気が楽だ」

そう言っていた。自分は仕事が面白くて好きで残業しているのに、家でじっと帰りを待っていられたらたまらない。そんなふうに考える人なのだ。私としては大変助かった。

私がどのくらい仕事に打ち込んでいたか。たとえば、クルマで住宅街を走っていると、一軒一軒の家のクルマが気になってしかたがない。古い日産のクルマが置いてあると、近いうちに飛び込みをしようと考える。ところがある日、クルマが突然、トヨタの新車になっていた。忙しいからと、その地域の飛び込みをしないうちに、買い替えられてしまった。悔しくて、胸がしめつけられる。

「もっと早くおうかがいすればよかった」

と後悔でいっぱいになり、自分を責めてしまうのだ。あれほど一生懸命仕事に情熱を注いだ時代はないと思う。それこそ死ぬほど働いたが、体は丈夫だったし、まだ三十代で若かったから健康を損ねることはなかった。

食事の時間も次第に惜しくなって、コンビニはまだあまりなかった時代だが、そのへんでおにぎりを買って済ませても平気だった。そのうちクルマのポケットにはいつもカロリーメイトを常備しておくようになった。これならいつでもすぐに食べられる。

私は女性としては食事をするのがすごく早いほうである。それはまさにセールスマン時代の癖だ。土日に展示会をやっていると、いつお客様がいらっしゃるかわからない。お弁当もまともに食べないうちに箸を置くということが多かった。そのため五分でさっさと食べるようになってしまった。もっともこれは、あまりほめられた習慣ではない。今は健康のためにゆっくり食べることを心がけている。

「おもてなし」精神でトップセールスに

一日百軒の飛び込み訪問をつづけていくうち、しだいに紹介の輪が広がっていった。土曜、日曜になると、

「いつも来てくれる林さんに悪いから、一回は顔を出そうか」

そういって、ほかのメーカーの車に乗っているお客様がショールームにふらっと遊びにきてくださるのだ。社長はびっくりしてこう言った。

「飛び込み訪問していると、こうやって新しいお客様も来るようになるんだな。林君、これからは土日は会社にいなさい」

こうして、土日はショールームに勤務することになった。

自動車産業は国の基幹産業である。自動車は人類が考えた最高峰の工業製品のひとつであろう。そのためメーカーは、モノづくりに関して並々ならぬ情熱を持っている。また広告宣伝もテレビや新聞、雑誌など、じつにお金をかけて展開している。これは、商品力に自信があるか

ら当然のことである。

ところが、実際に販売する現場である営業所に、その素晴らしい製品が下りてくるとどうなるか。ちょっと昔のショールームを思い浮かべていただきたい。ガラス張りなのに、店内にはタイヤが無骨にも山積みされている。ショーウインドウのガラスには「ザ・決算」と書いた赤い紙が外から車が見えないほど張り出されている。さらに、店内のあちこちにはキャンペーンの旗が立てられ、夏には安っぽいビニールのカモメのモビールが天井からぶらさがっている。

つまり、ショールームというのは名ばかり。モダンなデザインのクルマとまったく合わないようなディスプレイが昔はよくあった。新撰組の屯所ではないが、ショールームはセールスマンの詰所のように考えられていた時代がある。訪問販売が主流だったため、ショールームを充実させようという気持ちがなかったのだろう。お客様をもてなそうという気持ちも、まるで感じられなかった。自動車業界は男性優位の世界で、女性の感性が入り込む余地がなかったので細かい気配りができなかったのだろう。

私は、自動車の販売というのは一〇〇パーセント、サービス業であってよいと思っている。もちろんクルマは物販だが、その方の人生、精神性に深く関わっているものだ。それなのに、お客様の心の部分が全部抜け落ちているセールスがほとんどだった。

たとえば、ショールームに女性のお客様が入ってこられたとしよう。男性のセールスマンたちがそれを見て、こんな会話をしているのだ。

「あ、なんだ、女の子一人だよ。これは全然だめ。決定権ないしな」

「うん、でも女の子というか、先輩、三十歳ぐらいですよ。女の子にしちゃ薹《とう》が立ってますよ」

　これは私の創作ではなく、当時、実際にそばで聞いたことのある会話である。つまり、若い女性が入ってきたら、自分は相手にしたくない。そこに時間を取られると、ほかのお客様を逃がすことになる。新規ご来店のお客様は、セールスマンが順番で接客するシステムになっている。

「一家そろって来たから買うだろう」

「決定権者がいるから、なんとかなるだろう」

「下取り車になりそうな古いクルマに乗ってきたから買うはずだ」

　最初から、買うか買わないか、品定めしている。

　お客様が来店すると、男性のセールスマンは挨拶もそこそこに、いきなりカタログを出して、スペックの説明を始める。クルマの機械の説明を延々とやりだして、その方がどんな方かなどまったく関心がないのだ。クルマを買ってくれるかどうかだけが問題なのである。

　こんなやり方は、私には考えられないことだ。今まで飛び込み訪問では、まず自分がどんな人間か知っていただいて、お客様に尽くして、やっとクルマの話を聞いていただいてきた。ようやく認められてショールーム勤務を任されたからといって、おもてなしのかけらもないやり方は、とても私にはできない。

私が任されたときは、まずドアの外まで飛び出してお客様をお迎えする。ショールームに迎え入れて、

「いらっしゃいませ。お暑い中、ありがとうございました。どうぞお掛けくださいませ。お暑いですから、冷たいもの――ウーロン茶かアイスコーヒー、どちらになさいますか？」

こんなふうに始めて、

「今日はお休みですか。毎日お忙しいでしょうね。失礼ですが、お仕事はどういうご関係ですか」

そういう話をしばらくしてから、

「それでは、おクルマをご覧ください」

話がクルマに移っても、私は女性のお客様をないがしろにすることはない。まず奥様に運転席に乗っていただいて、ハンドルに手をかけていただく。そしてご主人に向かって、

「ご主人様。先ほど、お二人でショールームにお入りになられたとき、ああ、素敵な奥様がお見えになったと思いましたけど、この赤いシビック、奥様にとてもお似合いですね」

けっしてお世辞ではなく、その方の素敵な部分をクローズアップしてお話しする。これは、少しでも気持ちよく帰っていただきたいという思いから出てくる自然な言葉だ。

こんな話は、読むだけでも男性はきっと気恥ずかしくなるだろう。ところが、ショールーム勤務で私流のおもてなしをしたら、たちまち私は販売店のトップになったのだ。すぐに毎月、七台、八台を売るようになった。

私のおもてなしはこれだけでは終わらない。ショールームに来てくださったお客様の家には、かならずその日のうちにうかがう。これを私は「答礼訪問」と名づけて、かならずそうすると決めていた。

仮にその日初めて接客したお客様が四人いたとしたら、その日の夜、七時半すぎから四軒、絶対その日のうちに回ると自分に課した。

一度、こんなことがあった。あるお宅にうかがいインターホンを押したら、玄関の電気がついてご主人が出てこられた。

「ああ、来た、来た」

とニコニコされている。そして、奥様に、

「かあさん、やっぱり林さんは来たよ」

なんと、私が来るかどうか、奥様と賭けていらっしゃったというのだ。それで上がらせていただくと、お茶の間には息子さんもいて、日産、トヨタ、ホンダと各社のカタログを並べて、見比べている。どうやらお茶の間で、どこのクルマにするか家族会議をしていらしたらしい。ご主人は奥様に向かって、上機嫌で、

「ほら、ホンダの林さんは来るって言っただろう」

あれはほんとうに感激する出来事だった。結局、その日のうちに買っていただいた。

どうしてそんなふうに思っていただけるかというと、初めて会った方にでも誠心誠意、ショールームでおもてなしをしているからだと思う。短い時間で、いかに自分をわかっていただけるか、最大限の努力をするからではないだろうか。

とにかくそこのお宅で商談がまとまると、ひきつづき契約のための作業をそのままおこなうのだが、一時間半か二時間はかかる。すると、次の方のお宅に行くのが十時すぎになってしまう。当時は夜十時ぐらいでも全然問題はなかった。さすがに上がりなさいとは言われないまでも、「夜遅くまで頑張ってますね。ご苦労さま」と褒められたり励まされたりすることが多かった。インターホンでご挨拶だけの場合もあるし、玄関で少しお話しさせていただくこともあった。

そうこうしているうち、最後のお宅は夜十一時を過ぎてしまう。この時間になるとさすがに遅すぎるのでインターホンは押さない。ちゃんとその方のお家であることを確かめて、クルマ

の中で手紙を書く。今日来ていただいたお礼を書いて、小冊子といっしょに封筒に入れ、ポストに入れておく。そうして翌日の午前中に、電話をかけるのだ。だいたい奥さんが出られる。

「ハイ、もしもし」

「昨晩ご来店のお礼にうかがいましたが、夜分遅くで失礼かと思いまして、ポストにお手紙だけ入れさせていただきました」

そう言うと、

「ああ、それはどうもすみませんでしたね。夜遅くまで大変ね」

これでお客様とのつながりができる。次は訪ねて行って大丈夫だ。「ああ、あの林さん」となる。そう、私はお客様とのつながりを作るために、答礼訪問をしていたのだ。答礼訪問は時間を置いたら意味がない。二週間もたってから行ったって、「誰だっけ？」ということになってしまう。それがその日のうちだと、

「あら、すみませんねえ。まだそんな考えてなかったんだけど、わざわざ来てくださって申しわけないわね」

と、ぐっとお近づきになれる。だからこそ、その日のうちにうかがうことが大切なのだ。こんなふうに一日十五、六時間働いていた。そこまでやる人は、私のまわりにはいなかった。

ホンダに入った最初の年は八十台のクルマを売った。ホンダ時代の最高記録は、年間百四十

五台だ。ひと月では最高十七台売った。自慢話ではないのだが、平均的なセールスマンはだいたい年間で四十台ぐらいだから、私の数字はずば抜けていた。

十七台売った月は、一日で五台売った日があった。買ってくださるという約束をとりつけていたわけではない。それまで商談を進めてきたお客さんに、

「今度の日曜日に、展示会もやっていますのでいらしてくださいね」

「じゃあ、ショールームに行くわ」

お誘いして、来てくださったお客様と話がまとまったり、いきなりいらっしゃった新しいお客様が買ってくださったりと、幸運が重なった。

この月の十七台目は劇的だった。夜の十時半、十六台目を決めて本社に報告したら、その月のトップを競り合っていたライバルのセールスマンも十六台目を売って、私の記録に並んだことがわかった。

私はどうしても十七台目を売りたいと思った。おつきあいが長く、買ってくださりそうなお客様の家を深夜零時に訪問したら、ご主人はその夜宴会でまだ帰宅されていない。ここで帰るわけにはいかないと、奥様にお願いしてご主人のお戻りを居間で待たせていただいた。そして、お酒が入って帰宅されたご主人にお願いした。

「どうしてもトップをとりたいのです。十七台というのは新記録です」

「景気のいい話だ。よし買い替えよう」

十七台目が売れたのだ。本当に優しいご夫婦だった。

こういうツキのあるときは、自分でも売れない気がしない。トップセールスの方とお話しすると、皆さん、そういうときがあるという。商談していても、お客様がかならず買ってくださる気がするのだ。絶好調のときというのは、自分が持てるエネルギーをすべて出し切って仕事をしているものだ。そしてお客様を買いたいような気持ちにさせるようなオーラを発しているのではないだろうか。お客様を引き込んでしまう集中力があるかないかで、セールスの世界は売れ行きが全然ちがってくる。だからこそセールスは面白い。

収入が多くなることが励みになる

先輩の男性セールスマンの方たちにしてみれば、私の存在はあまり面白くなかったかもしれない。クルマの知識では彼らの足元にも及ばない素人の女性が、中途採用で入ってきて、あっという間にトップセールスになってしまったのだから、やっかみもあったはずである。大人だから口には出さないが、きっと悔しい思いをした人もいただろう。

しかし、そのうちそういう空気はなくなった。私と彼らではやり方が全然ちがうし、働きぶ

りといい、方法といい、とても真似はできないと思ったのではないだろうか。中年のご婦人に向かって、

「奥様、お若いですし、いいお声ですね」

こんなセリフは、男性のセールスマンにはなかなか言えない。ただ、私のあとに入社した若い男性で、私の言葉を逐一メモしていた人がいた。ショールームでお客様と私のやりとりを聞いていて、それを書き留めて、あとで自分が受け持ちのときに、上手に取り入れていた。私のやり方そのままを男性がそっくり真似するのはむずかしいだろうが、自分がいいと思ったことをどんどん真似してみるのはいいことだと思う。私が最初、一日百軒を自らノルマに課したのと同じく、若いうちはいいと思ったことをとにかくやってみることだ。

ともかく、私が懸命に働いている姿を見て、まわりも次第に認めてくれた。最初のころ、ライバルの男性セールスが、私のお客様に対していい顔をしてくれないということもあった。どんな嫌な態度をとられても、私は絶対に同じ態度をとらなかった。顔に出さないようにじっとこらえて、淡々と受け止め、一生懸命働いていたら、だんだん理解をしてくれるようになった。女性が男性中心の場所で働くには、まず、周囲の理解を得ることが大切だ。

当時、自動車販売で女性セールスは、ほとんどいなかった。横浜地区でも東京地区でも、女性セールスの姿を見たことがない。今はもちろん増えているが、人数はまだひじょうに少ない。

女性はどうしても、結婚や出産が障害になる。若いうちに入ってきても、周囲が男性ばかりなので、なかなか育たないというのが現状だ。自分が目標とできるようなモデルが身近にいないのだ。

クルマのセールスに就くまで、それまでは、仕事で本質的に悩んだことがなかった。仕事の中身についてではなく、「ああいう仕事をやりたいがさせてもらえない」という、いわば仕事以前の問題、不満を抱えて悩んでいた。それがこの世界に入って、初めて仕事上の悩みをもつことができた。考えてみれば、これは贅沢な悩みである。大好きな仕事についての悩みなのだから、悩みがいもあるというものだ。

お給料も上がった。初年度の年収はOL時代の二倍はあった。クルマの世界はたしかに男性中心の世界だが、お給料にはなんの差別もない。実績がすべてである。クルマを売れば売るほど収入は増えるのだから、やがて私はまわりの男性よりもいい収入を得ることになった。

働く上で、やはり収入は大事である。あぶく銭はダメだが、ちゃんと働いた対価としての収入は人を育てる。自分が汗水たらして働いて得たお金は、自信を育て、その人を大きくする。女性も経済的に自立することは大変良いことだと思う。

ＢＭＷへの転職

こうして、私はホンダのトップセールスとして実績を積み、四十歳のときには営業所長になった。相変わらず、休みは少なく働きずくめの日々だった。

松下電器にずっと勤めていた主人は、完全に週五日制。土曜、日曜はしっかりお休みで家にいる。いっぽう私は土日も飛んで歩いていた。はっきり言って、夫のこと、家のことは放り出して仕事優先である。いっしょに過ごす時間も少なく、すれちがいが多くなった。

そもそも主人は私が働くことにずっと賛成だったし、女性を差別したりしない人である。私がすることに口出しもせず、賛成してくれてきた。

しかし、営業所長になって半年、私は過労で倒れてしまった。お医者様に、

「あなたはこのまま行ったら、五十代まで生きられないよ。こんなむちゃくちゃな生活をしてて」

と告げられ、主人もこのときばかりは、

「なんとか、もっと休みの多いところはないのか」

と言い出した。さすがの私もそのとおりだと思った。これ以上夫に迷惑をかけられない。私は転職を決意した。それがＢＭＷジャパンだった。外資系の会社は休みも多いし、ＢＭＷとい

う高級ブランド車に憧れもあった。

昭和五十六（一九八一）年に独自動車メーカーのBMW社が、日本に現地法人を設立した。その後日本の輸入車市場は急速に拡大してゆくが、さきがけになったのがBMWジャパンだ。

当時日本は今ほど外資系企業の数は多くなかったが、BMWはその中でも学生に人気の企業となっていた。昭和六十一（一九八六）年、セールスマン募集の広告は見かけなかったが、売り上げが伸び続けている会社なら、もっとセールスマンがほしいはずと、世田谷の営業所にいきなり電話をかけた。

「あなた、女の方ですね」

「ハイ」

「いやあ、無理ですよ、女の人には」

「でも、私は、ホンダで年間百五十台ぐらい売っていました」

「まあホンダで百五十台売ったってねえ。あなた、ホンダのクルマって、六十万円ぐらいからあるんでしょう。BMWはね、一番安くても四百万はするんです。そんな高級車は女の人に売れませんよ」

そう言って電話を切られてしまった。だが、ここで引き下がる私ではない。闘志が湧いてきた。しかし、ただでは会ってもらえない。なにか作戦が必要である。

私は考えて、手紙を書くことにした。七ページにわたって「私を採用すると、御社には下記のメリットが出る」という内容の手紙である。会社にとってメリットがあるのかどうかなんて確証はないが、ともかく熱意である。手紙に履歴書を添えて送った。私の強引なまでの熱意が通じたのか、会ってもらえることになった。求人情報の年齢制限や性別制限、あれはあくまでも目安だから、自分が条件に合わないからと、そこであきらめることはない。

十二月二十四日、クリスマスイブの日に採用通知が届いた。私にとって、最高のクリスマス・プレゼントとなった。

またも「おもてなし」「おもてなし」でナンバー1に

こうして、私は四十一歳でＢＭＷに入った。一九八七年だったが、ＢＭＷは大変な人気で、右肩上がりに会社の業績も上がっているときで、大変タイミングがよかった。最初に世田谷の支店に配属された。ホンダでは最後、営業所長として店を任されていたが、それが一転、一セールスマン、使われる立場になった。それもまったく役職のないセールスマンである。上から指図される側にもどって、正直なところ、最初は少し抵抗があった。

しかし、新しい職場を選んだのは自分なのだから、そんなことにこだわっていてもしかたがない。だいたい一カ月ぐらいで慣れたように思う。ともかく、そのとき私は身をもって知った。やはり地位というものは怖いものだと。一度その地位につくと、その座に固執してしまう。それは同時に謙虚さを失うことでもあるのだと私は悟った。そういう意味で、貴重な一カ月間だった。

ただ、私が抵抗感をもったのは、自分のことだけではなかった。ＢＭＷは当時、経営規模を拡大していたときで、セールスマンも大勢必要としていた。他社にいいセールスマンがいたら紹介してくれと、社内の人間に声をかけていた。そこで私は知人のセールスマンを紹介したが、その人は役職付きで入社した。

キャリアも販売実績も私のほうが上だったが、男性というだけで、最初から主任。これは大変傷ついた。やはり、この業界には女性に対する差別が厳然とあるのだと感じたものだ。

もちろん、そのままへこんでいる私ではない。逆にそのことがバネになって、絶対トップセールスになろうとあらためて決意した。あるとき、ＢＭＷのトップセールスの人に会う機会があった。

「林さん。あの人がうちの会社のスーパーセールスマンですよ」

「ああ、あの人がＩさんですね」

「そう。いつも年間百台以上売りまくっているんですよ。みんな、全然かなわない。二位の人がだいたい六十台ちょっと、七十台行きませんからね。間がずいぶんあいちゃってるぐらいすごいんですよ」

私はその人の前にとことこと行き、

「あのー、今年入りました林です」

「あっ、どうも。Ｉです」

「すみません。握手していただけますか」

「握手ですか？　はい」

「すみません。サインしてください」

「サイン？　ああ、まあいいでしょう」

彼は名刺を出して、そこに、自分の名前と日付を書いて渡してくれた。

「ありがとうございます」

家に帰って、その名刺を取り出しじっと見つめて、来年はかならずこの人を追い抜くと心に誓った。Ｉさんもまさか、自分の名刺がそんな目的で使われるとは思っていなかっただろう。

さて、翌年──一九八八年はどうなったか。なんと、九月までは私がＩさんを追い越した。ところが、やっぱりＩさんはベテランである。奮起して逆転され、最終的に彼が百二台でトップ、私が九十八台で二位だった。

これは会社のそれまでの既成概念の打破でもあった。つまり「Iさんはスーパーセールスだから売れるんだ。普通はこんな高級車はたくさん売れないものだ」とみんなで思い込み、半ばあきらめていた。ところが、四十一歳のなんの変哲もない女性が入ってきて、どんどんクルマを売る。これは負けられない。支店長が、

「きみたち、女の人に負けるのか」

と、ハッパをかける。その結果、セールスマンたちは頑張って、私の次の人、つまり三位のセールスマンが九十六台だった。皆、潜在的な力を持っているのだが、自分自身が気がついていないのだ。

BMWにきても私のやり方は変わらない。おもてなし、おもてなしの日々である。やはりほかの男性は、そんなおもてなしはせず、商品力で勝負している。

お客様からこんなことを言われたことがある。

「BMWのセールスマンの方に、こんなに優しくしていただいたのは初めてです」

さらに私が夜、お宅を訪問すると、お客様はびっくりされる。

「BMWの方は、夜、訪問してくれるんですか?」

BMWジャパンが日本に進出する前は、高級外国車ということで年間三千台ぐらいしか売れなかった。企業の社長さんとか、スポーツ選手とか、芸能人の方——全体として自由業の方が

多く乗っていた。比較的時間が自由な人たちだ。そのためセールスマンは昼間、うかがえばよかったのだ。

しかしその後ＢＭＷは市場拡大を狙い、大胆なマーケティングを展開しはじめた。輸入車としてはさきがけで、ファンタスティックな、人の気持ちをかき立てるような新聞の全面広告を出し、テレビにもＣＭを流す。それから、国産車にない低利ローンを打ち出した。さらに五年ローンも始めた。今ではあたりまえだが、当時としては画期的だった。当然狙いどおり、お客様にサラリーマンの方が増える。ところが、サラリーマンの方は、昼間会社を抜け出せないし、そうそうお昼休みにセールスマンを呼びつけるわけにもいかない。

私はこれまでと同じく、夜にお宅にうかがう。そのため、サラリーマンの方にほんとうに喜んで買っていただいた。五年間トップセールスを続け、販売記録は四百台を記録した。

最高の商談を演出すること

クルマのセールスは一人ひとりのお客様に向き合う。顧客は個客である。一セールスマンとお客様の関係を超えて人間的な心のふれあいがある。

車輛の値引販売や修理や整備のことだけをサービスと考えてよいのだろうか。単なるハードの部分だけから見ているにすぎないではないか。

私は、商談をする過程すらも楽しいものにしなくてはと考えた。クルマを買うためには、お客様は大金を使われる。国産のクルマでも、百万、二百万円したわけだが、目の前に現金で百万円積んでみたら、そう簡単には使いたくなくなるだろう。このお金を稼ぐためにどれだけ働いたかを考えれば、そうやすやすとは使えない。ところが、お客様はクルマにはお金をかけられる。ローンを組むから買いやすいということもあるし、クルマは生活必需品だ、そしてなによりクルマが大好きだなどという理由で、惜しみなくお金を出される。ましてBMWは、四百万、五百万円があたりまえのクルマである。

そんな大金を一度に使っていただくのだから、買う行為自体も最高に楽しんでいただきたい。セールスマンはその演出をしなくてはいけない。心をこめて出会いを感謝する。お客様に喜んでもらいたいとおもてなしをする。

いかにお客様に印象的なセールスを展開するか。それはどれだけお客様を感動させるか、ということでもある。相手の心を動かすということ。それには、クルマを売るんだというのが先になってはいけない。誠心誠意、あなたのためにという思いを伝えなくてはならない。しかし、誠心誠意というのが押しつけになることもある。だからある種の心の軽さも必要。やわらかさもだ。なによりも楽しい商談を心がけた。

「わかった、林さん。買わせていただく」

ご主人の一声でクルマが売れた。書類の準備が始まる。この方に初めて購入していただいたのが五年前。五年ぶりに買い替えてもらった。

そのとき奥様が、突然こうおっしゃった。

「林さんおんなじ！　同じだわ。この空気、この感じ、五年前と同じ。あなたちっとも変わってない。あなたってほんと情熱があるのね。この気分が好きで、あなたからクルマ買ったのですもの。それが五年間ちっとも変わらないってほんとうに素敵」

聞いている私は涙が出そうになる。お客様も商談の過程を楽しんでくださっているのだ。私はなんて幸せなセールスマンだろうとしみじみと思った。私は今、3K「感謝・感動・感激」が職場に必要と唱えているが、こうしたお客様とのふれあいの中で学んだ結果なのだ。

お客様を好きになるのも才能の一つ

私はいつもお客様のことを好きになるので、きっと相手も自分を気に入っていると思い込んでしまう。実際は、お客様のほうはそうではないかもしれないが、とにかく勝手にそう思っている。そもそも人間関係というのは、こちらが好意をもっていれば、相手も好きになってくれる。こちらが嫌っていれば、相手からも嫌われている。そういうものではないだろうか。

ともかく、お客様を好きになり、お客様からも好かれていると信じていると距離が近くなり、人間関係がスムーズにいく。商談のときからお客様も遠慮がなくなり、何でも言いたい放題言われるようになる。これは重要なポイントである。何でもおっしゃっていただいたほうが、私たちも話を進めやすい。できることはできるし、できないことはできないわけだが、まずは要望をおっしゃっていただかないことには前に進まない。

そして、商談の過程を豊かにするというのは、お客様側だけの話ではない。セールスマンとお客様の関係が豊かで幸せでないといけない。おもてなし、すなわちホスピタリティというのは、双方が幸せでなくてはいけないのだ。買われる方も幸せ、お売りする側も幸せ。

それがあっての最高のセールスである。一方的ではいけない。そういう関係を築くためには、まず相手の方を最初にお会いしたときから好きになるよう意識を高める。もっとも私の場合、もとから人間好きだからけっして無理をしているわけではなく、お客様と親しくなるために自分から近づく努力をするということである。

こうやってお客様といい関係を築く、両者の間にとてもいい空気が漂うというのが、最高のセールスにつながる。この演出がふつうはなかなかできないのだろうと思う。

こうした関係がないのに、あれこれ電話をかけても、お客様はうるさいなあと思われるだけだ。たとえば、忙しいときに電話がかかってきて、「お元気ですか」などと言われても、そんなこと今言われたくないよと思われてしまう。しかし、それはセールスマンしだいだ。魅力がないセールスマンにはそんなの言われたくないだろうが、相手に魅力があったら、ちょっと忙しいときに電話がかかってきても話をするのがうれしい。誰でもそういうものではないだろうか。ああ、好きなセールスマンだと思ったら、

「おっ、林さん久しぶり。元気？」

「ありがとうございます」

と、会話もはずむ。

これは、クルマのセールスだけでなく、さまざまなセールス、営業にも同じことが言える。私のところにも保険会社をはじめ、いろいろなセールスの方がお見えになる。すごく忙しいときに、「社長、お元気ですか」と、挨拶に来られ、正直なところ、今すごく忙しいのになあと思うこともある。それでも、気に入っている人だったら、会いたい。たとえ五分でも顔を見たいし、ああ、いつもありがとうと思う。それが大切なのだ。セールスマンに、人間的な魅力があれば最高だ。

そうなると、ただクルマを買うだけではなく、あの人から買いたいという選択が起こる。セールスマンにもいろいろな個性があるから、「この人が好き」「あの人が好き」とお客様に選ん

でいただいていいと思う。訪問販売であれ、ショールームに来ていただく場合であれ、お客様が主役でセールスマンはたえず脇役、主役を輝かせる役目であるのはいうまでもない。しかし同時に、セールスマンは人気商売で、どれだけご贔屓にしていただけるかという見方もできるのだ。セールスマンにとってショールームは最高のステージで、各営業所が人気スターのセールスマンをどれだけ育てられるかというのは、かなり大事なことである。

どうせ買うなら、この人から買いたいと思っていただくことが大切だ。それがさらに高じると、「この人から買いたい」が「この人を喜ばせたい」という気持ちにもつながる。やはり思いが伝わって、たいして買いたくもなかったのになぜか買ってしまうということがあるのだ。

私などしょっちゅうである。ブティックへ行ったって、今日はとくに欲しいものはないという日がある。しかし、いつも応対してくれる人が感じよくて、生き生きと楽しそうに語ってくれるのを見ていると、つい、この人を喜ばせたいという気持ちになって、

「じゃあ今日はブラウスをもらうわ」

と買ってしまう。自分でもあきれてしまうほどだ。相手を喜ばせたい一心で、ずいぶんいろいろなものを買ってきた。

先入観でお客様を選ばない

本来は、お客様がセールスマンを選ぶべきだと思うが、実際はその反対のことがよくある。ショールームにはさまざまなお客様がいらっしゃる。セールスマンはお客様が店内に入ってくる前から、失礼な言い方だが、その方の品定め——つまり、買ってくださるお客様かそうでないかを見極めようとする。

私はいっさいそんなことをしたことがない。あるとき、外回りからショールームにもどってくると、二人のかわいい小学生がいた。お姉ちゃんと弟らしい。男の子はクルマが大好きなので、ショールームにカタログをもらいたくてやってくることがある。おそらくお姉ちゃんがついてきてあげたのだろう。

当番のセールスマンたちは、

「坊やがまたカタログを取りにきたよ」

などと言いながら、ただ見ているだけ。子供はクルマを買ってくれないから、相手をする必要はないという考えだ。そこで私が声をかけてみた。

ジュースを出してあげて、

「お父さんとお母さんは？」

と聞いても、ただ黙っている。ジュースをこぼさないように両手でしっかりコップを持っている姿がなんともかわいい。私は、

「ちょっとクルマに乗ってみる?」

こっくりうなずくので、小さい男の子を運転席に乗せた。そして、

「おばちゃんは、おばあちゃんになるまでセールスマンやっているから、大きくなったら、クルマを買ってね」

と話した。

かわいいお客様に会って二カ月ほどたったころだ。とても品のいいご夫婦が私を名指しでいらっしゃった。

「いやあ、あなたですか」

あのときの子供たちのご両親だった。

「子供たちが、あなたに親切にしていただいて、喜んで帰ってきましてね。その節はお世話をかけました。どうもありがとうございました」

そのご一家は近くに住んでいらっしゃる方だった。会社の社長さんで、ベンツに乗ってこられた。

「ちょうど買い替え時期ですし、買えるかどうかわからないけれども、ご親切にしてもらった

ので、とりあえずお礼が言いたいと思って来ました……」

あれこれお話ししているうちに、結局、ＢＭＷの最高車種7シリーズ、千二百万円のクルマを買っていただいた。

お正月明けに、短パン姿にサンダルをつっかけていらっしゃったお客様が来店された。いちばん寒い季節に短パン姿で、なんだか元気のいい人だなというのが第一印象だった。お話をうかがうと、テニスの先生だということだった。お話の雰囲気もひじょうにラフな感じで、あれこれしゃべられて、帰っていかれた。お帰りになったあと、ほかのセールスマンたちはみんなで、「なんだ、あの格好は」などと話していた。

私はいつものように、さっそくその日のうちに、お宅を訪問したら、びっくり。これが地元の大地主の息子さんで、さっそくその夜に買っていただくことになった。

「いやあ、あんなに親切にしてくれてありがとう。おれ、いつもバカにされちゃうんだよね、こんな格好だから」

ラフな格好で行くと、なかなか営業所で相手にされなかったそうだ。

こうした出来事や、自分がかつて飛び込み訪問をやっていた経験から、家や会社にいらっしゃる飛び込みのセールスの方にもけっして失礼な態度はとらないように心がけている。たとえなにかの勧誘をお断りするときでも、インターホン越しではなく、実際に玄関でお顔を見てお断りする。電話でもできるだけていねいにお断りしている。

こんなこともあった。ショールームに、百科事典の売り込みに来られたセールスマンがいた。ていねいに説明してくださるので、

「そうですか。でもごめんなさい。うちにはもうあるんですよ」

とお断りした。

「でもあなたは説明がお上手ですね」

「ありがとうございます」

「熱心で感心しました。一日、何軒ぐらい歩かれるの」

いつものように、私はすぐに親しくなってしまう。しばらくお話をして、

「そう。頑張ってくださいね」

と送り出した。するとその人が、一週間ぐらいたってから電話をくださって、自分の同僚がトップセールスで、報奨金が入ったのでＢＭＷを買いたいと言っていると、紹介してくださった。

誰にでも親切にしなくてはいけない、絶対ぞんざいな応対はしてはいけない。これは、なにもクルマを買っていただく、いただかないという損得勘定ではない。本来人間同士、年齢や性別、格好や態度で人を品定めすることは、あってはならないことだと思っている。

クレーム処理は大事な仕事

セールスマンの仕事は、お客様にクルマを売るだけではない。クルマは「クレーム商売」というほど、買っていただいたお客様からさまざまなクレームが寄せられる。もっとも多いのが、新車で購入したのに故障したというもの。たとえばドアミラーが動かないとか、パワーウインドウが落ちたとか、エンジンがかからなかったとか。クルマも機械であるから、ときには壊れる。こうした製品のクレームがもっとも多いのだが、これに対してのセールスマンの対処の仕方が悪いと、怒りが増幅される。

これはBMWに入る前の話だが、「蜂の巣事件」と呼ぶ今では考えられない出来事があった。なんと納品したクルマのまわりを蜂がブンブン飛んでいるというクレームが来たのである。長期在庫でモータープールに置いてあったクルマのドアの隙間のところに蜂が巣を作っていたのを知らずに納品したのだった。お客様がお怒りになるのももっともだが、さてどうやって謝ればいいいか……。こんなときはもう、ただひたすら謝るしかない。毎晩通いつめた。

「主人はまだ帰ってきません」

と奥様がおっしゃれば、クルマの中で待っていて、お宅に帰ってこられると飛び出して謝罪する。

「ご主人」

「なんだ、おまえ、もういい、来るなって言っただろう」

毎晩怒鳴られても、ただひたすら「すみません」と謝りつづけた。考えようによっては、お客様も愛情があったのだと思う。そういう怒りの感情をすべて、こちらにぶつけてこられるのだから。

こういうふうにお客様が感情的になられると、セールスマンのなかには真剣に向き合わないで、心理的に逃げてしまう人が少なくない。もちろん怒鳴られてうれしい人間はいないから、その気持ちがわからなくはないが、どうもちょっと怒鳴られただけで精神的にまいってしまうようだ。

その点、私は人が好きなので、怒鳴られても、ある種の友情みたいな感情がふつふつと湧いてくる。あまりにも生な人間性を見せつけられると、なんだか切なくなって、なんとしてもこの人の怒りを鎮めてさしあげたいという気になってしまうのだ。

これもずいぶん昔のことである。お医者様のお宅に修理したクルマをお届けするとき、約束の時間に五分遅れて、大激怒されたことがある。ちょうど出かけようと、奥様やお子様も家の外で待っていらっしゃった。いきなり、

「バカ野郎！」

大声で怒鳴られた。その方は運転席にパッと飛び乗り、私がドアを閉めてさしあげようと思ったら、自分で内側からガッと引っぱり、いきなり猛スピードで走り去っていった。残された私は呆気にとられたが、腹は立たなかった。子供や奥さんの前で、こんなに自分のいやな姿を他人に見せてしまう。そんな人を見ると、私は人間の存在のいとしさのようなものを感じる。

——この人はこんなに怒り傷ついた。どうやったら、この人の気持ちはおさまるだろう。

と考えてしまうのだ。

長年の経験でクレーム処理は得意といえるかもしれない。こういう仕事は、男性よりも女性のほうが穏やかで向いているような気がする。男性のセールスマンのなかには、お客様から怒りをぶつけられると、自分も感情的になってしまう人もいる。製品が壊れるのは、なにも自分の責任ではないと考えるからである。

私はそうは思わない。これを販売してお届けした以上、壊れたのは自分の責任だという考え方をしなくてはいけないと思っている。逆にお客様が、

「林さんのせいじゃないよ、これは。メーカーのせいだよ。メーカーを出してこい」

と言ってこられることもある。こういう場合も、

「いや、そうではありません。私がわが社を代表させていただいて、すべて託されております。これを販売させていただいた以上、私の責任です」

と言い切る。そして、お客様の怒りをまず、全部受け止めて、心から謝罪する。

「申しわけございません。そんなお気持ちにさせて」

クレーム処理の受け答えのマニュアルもあるが、マニュアルどおりやったってうまくはいかない。ほんとうにお客様の身になって誠実な対応をするしかないのだ。また、私は絶対に上司を連れていくということはしなかった。最初から最後まで自分で対処した。若い人はすぐに上司に相談して連れていく。しかし私はＢＭＷに入ったのが四十一歳だったから、上司に頼る年齢でもないと、ひとりでやり通した。

クレーム処理をしていると、結局最後はお客様がわかってくださることがほとんどだ。お客様にしてみれば、まあ許してやろうか、そんなお気持ちなのだろう。

昔、しょっちゅうクレームをつけるお客様がいらっしゃったが、十何年もたってから、

「あのころ、おれも血気盛んで悪かったな。文句ばっかりあなたに言っちゃってね」

と謝っていただいたことがある。やっぱりそれは、逃げずに向き合って苦労したことが、十何年後に認めていただけたということなのだろう。お客様の言葉に、ほんとうに感動した。その方は私が社長になったときも、わがことのように喜んでくださった。

「あれだけ辛抱強くて、こんなわがままな人間の相手もできたから、社長になれたんだね。いやあすごいなあ」

さて、クレーム処理は得意とはいっても、やはり胸が痛むものだ。そして、クレームはあるよりないほうがいいのはいうまでもない。昔、BMW時代、夏休み明けで出勤するのが正直、怖かった。休みの間にクレームがたくさん来ていると思うと、胸がドキドキした。

セールスマンは休みを交代でとっていたが、これではまるで気が休まらない。自分が休みの日に、自分のお客様からクレームが入っているんじゃないか。そう思うと、私の代わりに受けている仲間のセールスマンに申しわけない気持ちになってしまうのだ。

社長になってから私は、完全クローズの日、全員休みの日を設けたが、交代制ではやはりみんな、気が休まらないだろうと思うからである。

長くおつき合いするともっと素晴らしいことが

クルマのセールスマンになって何より幸せだと思うのは、お客様にクルマを売ってハイ終わりではないことだ。その後も何年かごとに買い替えていただく場合が多く、ずっとおつき合いをさせていただけることである。

なかにはこんなこともある。昔、お得意様のお嬢さんが中学生で、あんまり学校に行きたがらないとお父様が心配されて、私に話を聞いてやってほしいと言われたことがある。そこで私は、そのお嬢さんを誘って地元のレストランで食事をして、あれこれお話ししながら相談に乗った。

それから十年ほどたって、そのお嬢さんから電話をもらった。個人経営だが、女性衣料の商売を始めておられた。

「私のこと、おぼえていますか。その節はお世話になりました」

すぐに私は思い出した。うれしいことに、彼女は、昔ハンバーグをご馳走になったことが忘れられないと、電話をかけてきてくれたのだ。「私もセールスをやっています」とおっしゃる。それ以来またおつき合いが始まった。

二十一年間で十五台クルマを買っていただいた方もいる。もちろんお一人ではなく、ご家族で十五台だ。ホンダ時代、最初はクルマを売ったのではなく、先輩が売ったクルマの自動車保険の切り替えを私が受け持ったのがおつき合いのきっかけだった。そのお客様は古いクルマに乗っていらっしゃった。

電話すると、その女性はとても素敵な声で、私はいつものように、その方に興味が湧いてお会いしたくなった。不思議なもので、その方も私の声が気に入ってくださっていたそうだ。とにかくお会いしたくなって、仕事という意識ではなくうかがった。まだ新米だった私は、慣れない自動車保険の更新手続きを一生懸命おこなった。古いクルマは、亡くなったご主人が奥様

にと買われたクルマだった。ところが、

「ローンで買えば新車も買えますよ」

何気なくそう申し上げると、

「じゃあ、買うわ。主人ももう取り替えてもいいよと言ってくれるはず」

そうおっしゃって、それからその方とおつき合いが始まった。

一軒家の二階にその女性とお子さんが住んでいて、一階には彼女のお姉さん一家が住んでいらっしゃった。そのうちお姉さんも「私も買おうかしら」ということになり、二台目を買っていただいた。お二人に買い替えつづけていただき、やがてはお姉さんのほうの息子さんが成長して、彼も買ってくれるようになった。私がＢＭＷに移ったらＢＭＷを買ってもらい、ＶＷ（フォルクスワーゲン）に移ったらＶＷを買ってもらう、そんなつき合いで、気がつくと十五台になった。

今ではもう親戚のような関係だ。いっしょに食事をしたり、お芝居を観たり、旅行をしたりしている。私が、社長になったといっては大喜びしてくれて、「ウォールストリート・ジャーナル」に載ったといっては大騒ぎして、朝日新聞に出れば、友達に電話をかけまくってくれる。

「私はあの人からクルマを買っているのよ」

そうやって、クルマは人から人へ引き継がれていくものなのだ。ご本人も買い替えてくださるが、親戚や知り合いを紹介してくださったり、子供さんの世代に引き継がれたりしていく。大変ありがたい仕事である。それだからこそ、人との関係を重視する、いい人間関係をつくっておくことが大切になるのだ。

クルマのことに関しては、いつも私が傍らにいますよ、という感じにしておかなければいけない商売だ。考えてみると、私たちは何かをしようとするとき、そのことに詳しい知り合いにちょっと声をかけたりするものである。旅行なんかまさにそうだ。私は旅行会社のセールスマンにすぐ電話して、こういうのを見つくろってきてとお願いする。クルマもまさにそれと同じである。

説明ではなく〝感動〟を伝えること

クルマのセールスをするとき、私は他社のクルマの悪口は絶対に言わない。「うちのこのクルマがいいですよ」という押しつけやゴリ押しもしない。お客様は今どちらにしようか迷っていらっしゃる状態だ。ライバル車もいいと思われるそのお気持ち、感情を否定するのは、お客様を否定することになる。これもいいな、あれもいいなと思うのは人間であれば誰でもあることだ。

相手をけなすというのはもっとも醜い行為である。私たちはいつでもどこでも、謙虚でなければならないと思う。売らんかなのために真っ向否定しているのが見えてしまうとお客様は離れていかれる。

セールスはつねに、まずお客様の気持ちを受け止めるところから始めなければいけない。その上で、自社のクルマを自信をもってお勧めするのだ。人間と同じく、一〇〇パーセント完璧なクルマ、欠点がないクルマというのはないだろうが、やはりビジネスだから自分が扱うクルマは最高だと信じている。全部が全部完璧でなくてもいい。ある何箇所かが素晴らしければ、それでいい。そしてセールスマンは、そのクルマの素晴らしいところを、いかに伝えるかが重要になってくる。

じつのところ、どのメーカーも、技術は伯仲している。たとえば国産車でも、製品としての機能性はどっちがどうだと言われても、ほとんど甲乙つけられないはずである。また外国車であれば、たとえばベンツとBMWの場合は、機能性というよりはカラーやテイストの違いだろう。「自分はすでにできあがった人間である、これだけの地位を得ましたよ」という人はベンツのSクラスに乗ったほうがいいだろうし、「自分はまだまだこれからもっともっと攻めていきたい」という人なら、BMWの5シリーズを選ぶというような傾向がある。そういうブランドに対するイメージというのはたしかに存在する。だから、その中で自社のクルマの良さを伝えなければいけないのだが、私はたんにクルマの性能を語るという方法はとらない。お勧めするとき、いつもそのクルマで自分が感動したことをお伝えするようにする。いわゆる、五感に訴えるということだ。

「先週、家族と箱根にこの車で出かけたのですが、コーナリングがスムーズで、大変感動しました」

自分がほんとうにそう思って「いやあ楽しいんですよ」とお話ししていると、お客様もだんだん引き込まれていく。このクルマに乗ると、ほんとに楽しいのかなあと思っていただければ大成功である。

よく「林さんって、ほんとにクルマが好きなのね」とか「そんなにBMWが好きなの」と言われた。「ええ、ほんとうに好きなんですよ」とにっこりお答えすると、お客様は半分納得、半分あきれ返るという感じだろうか。しかし、私の情熱を感じていただくこと、これが大事なのだ。売り手がつまらなそうな顔をしていたら、どうやってお客様は買いたい気持ちになられるだろう。クルマは性能だけで売れるわけではない。お客様はクルマと同時に、そのセールスマンを買うのである。

クルマにかぎらず、結局、モノを買うときというのは、すべて最後は感情なのだと私は思っている。カタログや専門のモーター雑誌はいろいろあるが、それらを読んで、ロジックで固めて、「これでよし」というわけにいかない。お客様は下準備、前知識として情報を仕入れてから、お店にいらっしゃる。あとはセールスマンと話をして、そのセールスマンと自分のフィーリングが合うかどうか、そのへんで決まることがかなり多いのだ。

だから、どういうタイプのお客様にも合わせられるような自分のコミュニケーション術を身につけてしまえば大変な強みになる。ホンダ時代は軽トラックも扱っていたので、地元の農家の人ともおつき合いがあった。こういうときは、「さようでございますか」などと言っても、「なに、気取ってんだ」と叱られてしまう。そういうときは、

「おじさん、いやだ、もう。ちょっと、いいかげんにしてくださいよ」

親しくくだけた雰囲気でしゃべるほうがいいことが多い。お客様一人ひとりの個性に合わせていくというのがセールスマンには必要だ。飛び込み訪問でいろんな方に出会って、断られたり、話を聞いていただいたりしているうちにも私はいい訓練を受けていたのだろうと感謝している。

こういう点から見ても、クルマのセールスは、奥が深く、やりがいのある、まことに魅力的な仕事である。

第4章

経営の要点は〝人〟である

女性初の支店長に抜擢される

私が入ったころのＢＭＷジャパンは、多彩な才能を持つ人たちの集団だった。ほかの会社からスカウトされてきた人、私のように自ら応募して集まってきた人たち……。さまざまなバックグラウンドを持つ人の集団なので、異文化が混ざり合って大変面白い会社を作り上げていた。セールスに関して言えば、いわゆるプロが多い会社だった。

ところが、こういう会社にはひとつ欠点がある。ともかく新しい会社だから社内の競争も激しく、セールスマンは自分の実績を上げることしか考えない。そのため、なかなか若い人が育たないのだ。自分のお客様は手放したくないし、自分のスキルをほかの人、若い人たちには教えたくないという風土になりがちだ。つまり育成的な風土がないのである。

もともと、日本の会社の素晴らしさのひとつは、人を育てることだと私はつねづね思っている。新入社員が入ってくると、すぐ上の先輩が一生懸命世話をする。後輩は、先輩の仕事の仕方をすぐ脇で見て育つ。職場に人が入れば育っていくような仕組みができているのが、日本の会社なのだ。

「第一勧銀にしようか、ＢＭＷにしようかと迷ったんですが、やっぱり、この会社を選びました」

優秀で熱意にあふれた大卒の若者がたくさん入ってくるのに、職場での教育が不十分だった。本社には研修施設があったが、商品知識と基本的接客マナーで終わってしまう。彼らは、ただ、プレミアムブランドであるＢＭＷの商品力に頼っただけのセールスしかできなくなる。これではいけない。私がそれまでもっとも大切にしていたおもてなしの精神を、彼らにも伝えてあげなくてはと思うようになった。私はトップセールスを続けていれば、お給料もたくさんもらえるし、楽しい思いができるかもしれない。しかし、もっと自分の考えを広め、輪を広げていかなくてはいけない。そんなふうに考えるようになった。

そのチャンスはいきなりやってきた。平成五（一九九三）年、私は社長に呼ばれ、支店長職を命ぜられたのだ。ＢＭＷでは初の女性支店長である。クルマの世界、とくに輸入車の販売は男性優位で、女性マネージャーは皆無といってもいいほどだった。そもそも女性セールスがほとんどいない世界なのだから、マネージャーになる人がいないのも不思議ではない。ともかく、そのときの私はとまどいや不安よりも、喜びのほうがはるかに大きく、これからのことに思いを馳せた。

赴任先は「新宿支店」だった。家で夫に話すと、彼は全然驚かなかった。

「私、新宿支店長になったのよ」

照れ屋なので、気持ちをあまり表さない人だが、最初の台詞がよかった。

「ほおー、そうなんだあ。これから通勤が大変じゃないか。赤坂見附で乗り換えて、地下鉄で行ったほうがいいよ。ＪＲだと混むんじゃないのかなあ」

通勤の心配をしてくれるところが、いかにも夫らしい。そして、

「どういう店か見たいね。ちょっといっしょに見に行こうか」

私たちはドライブがてら、新宿支店を見に行った。西新宿の新都心にある、ガラス張りのきれいなショールームだった。

平成五年といえば、バブルがはじけ、不景気の風が吹き始めていた。新宿支店は、かつては年間最高五百台以上売っていた支店だが、当時は業績が低迷して、十二支店中、最下位の成績だった。十四人いたセールスマンも、配置転換もあって七人に減っていた。私が四十七歳で、セールスマンはたしか二十六歳から四十六歳までの男性たちだった。

彼らにしてみれば、不況下、成績の低迷する自分たちの支店に、いきなり女性の支店長がやってきたわけである。世田谷支店の元営業課長で、その前はトップセールス。おそらく、いろんな噂は聞いていただろう。きっと、やり手のすごく怖いおばさんなのではと、思っていたにちがいない。そして、女性支店長の私とどういうふうにつき合えばいいのか、距離を測りかねているようだ。とまどいと同時に、私の実力を見てやろうと、なんとなく遠巻きに見ているの

が肌で感じられる。まず、彼らに私を受け入れてもらうところからはじめなければならないことがわかった。

会社という組織に属していると、往々にして勘違いしがちなことがある。自分は支店長なのだから、その受け持った支店のトップなんだからと、それだけでうぬぼれることだ。しかし、そういう支店長では、しょせん名ばかりだと私は思う。いくら自分がトップだ、上司だと意見を押しつけたところで、実際に下の方が受け止めてくれるかどうかはわからない。部下から認められ、尊敬されるには、まさに自分の仕事ぶり次第であるという、謙虚さが必要だ。私はまさにそういう気持ちだった。人間的な共感を持ってもらわないと仕事は、うまくいかないものだ。

「皆さんのおかげで支店長をやらせていただいているし、ともかく皆さんが困っていることのサポートをしたい」

そういう姿勢を示すことが大切だと思う。

私はまず支店のセールスマンたちをじっくり観察した。ダンディでなかなか素敵な人たちである。しかし、この人たちは、自分の魅力にまったく気がついていない。さらに困ったことがあった。彼らは以前は倍の人数、最大十四人のセールスマンがいたとはいえ、支店の業績はよく、みんなで頑張って販売台数を伸ばしていた。ということは、彼らには彼らの販売スキルがあるのに、自分たちがどれだけ力があるかということをまったく忘れていたのだ。

これはいったいどうしてだろう。理由はいろいろあるかもしれないが、ひとつには新宿支店の業績回復が遅れ、責任者の交代がひんぱんにおこなわれた。わずか一年の在任期間では部下との信頼関係も作りにくいだろう。支店の責任者である支店長には大きなプレッシャーがかかるが、彼らは業績を少しでも伸ばそうと、励ますつもりだろうが、部下を叱ってばかりいたのではないかと思う。褒めることなどほとんどなかったのではないだろうか。

人間は、叱られてばかりいると自信を喪失してしまうものだ。子供であれ大人であれ、自分の長所、自分の魅力について第三者から語ってもらえば、自信をもつことができる。反対に叱られたり注意ばかり受けていては、どんどん萎縮してしまう。成績は伸びるどころか、ますます低迷しても不思議はない。一度悪循環にはまってしまうと、なかなか抜け出せなくなるものである。

新宿支店のセールスマンたちは、自分たちのショールームのこともこころよく思っていなかった。バブルがはじけて、都心のお店には、あきらかに来てくださるお客様が減っていた。ショールームのある西新宿は副都心の高層ビル街、駅の向こう側は歌舞伎町。要するにこのあたりに住んでいる人などほとんどいない。サラリーマンが昼休みにワイシャツ姿で見に来られても、住所を書いていただくと、埼玉や千葉から通っていらっしゃる方ばかりだ。つまり、新宿支店に来てくださるお客様は、平日このへんのオフィスビルで働いていらっしゃる方がほとんどなのだ。これではたとえお客様が買いたい気持ちになられても、昼休みにここでクルマを見て、週末に地元の営業所で買うことになってしまう。

「支店長、ぼくたちはもっと郊外のお店に行きたいんです。この近くには住宅街もありません。スペースコストが高すぎて、こう売れないのでは先行き不安です」

BMWというブランドは、素晴らしい、かけがえのないブランドなのに、彼らはそれすらも忘れてしまっている。都心の中の大変美しいショールームの魅力も見えていない。ただ「ダメだ、ダメだ」と自分たちで思い込んでいるようだった。

褒めて育てる

男性優位の業界だから、まさか自分が支店長になれると思っていなかった。しかし現実にはなれたのだから、私の考えるセールスを展開したい。人と人とのつながり、おもてなしを前面に打ち出したい。商品優先ではない販売活動をしてみたい。そうした思いが強かった。また、私なりの戦略や戦術が胸のうちにしっかりとあった。

しかし、今これを彼らに発表してもむなしいことだと気がついた。いくら戦略を立てても、実際、現場の一線で実現してくれるのはセールスマンにほかならない。肝心のその人たちが自分の力を見失い、自分の魅力にも気がつかないで、ただ、くさくさと日々を送っている。これではだめだ。

私はまず、業績のよしあしはさておき、このショールーム——新宿支店の素晴らしさに気づいてもらおうと考えた。自分の職場が面白くないというのは最悪だ。家とは違い、嫌いだからといって、引っ越すわけにはいかない。

そこで私はまず、昼休みに街を歩き回って、この街のいいところを探した。ランチのおいしいお店があれば感激してそれをみんなに話し、歴史のある神社を見つけては語り、ショールームの前のケヤキ並木は東京都の五十選に選ばれていることを話したり、自分たちの職場の環境のよさを再認識してもらうようにした。

次は彼ら自身の良さに気づいてもらわなくてはならない。支店のセールスマンたちに元気を出してもらわなくて、どうやっていい仕事をさせることができるだろうか。そこで私は、のちに「褒め殺しの林」と揶揄《やゆ》されるぐらいに、彼らを褒めまくることにした。もともと人間好きの私だから、人のいいところを見つけるのはむずかしいことではない。

たとえばこんな感じだ。クルマの販売には、同行訪問という方法がある。なかなかうまく売れないセールスマンに支店長が同行する、つまり、お客様のところへいっしょに行って、後押しをするという手法だ。ふつう支店長とセールスマンが男同士なら、こんな感じの会話をするだろう。

「おい、A君、どうだ。売れた？　ほらほら。ベンツと競合していた件だよ。えっ？　ベンツに取られた？　きみね、最近、仕事ちゃんとやってないんじゃないか。どうなってるんだ。ほんとに買われちゃったの？　もしかしたら？　じゃあちょっと、いっしょにお客さんのところへ行こうよ。まだチャンスがあるかもしれないじゃないか」

男同士で気安いから、こんなノリでしゃべっている。しかし、私はまったくちがう。

「Aさん。ちょっと、なんかお元気ないようですね。そういえば、ほら、ベンツと競合してたの、どうしました？」

「支店長、すみません。あれ、どうも、ベンツに決められてしまったみたいです」

「えっ？」

ここで私はびっくりしてみせる。

「ベンツに取られた？　いやあ、だってAさん、すごく一生懸命やってたでしょう」

実際にはこの人、全然一生懸命などやっていない。ダメなセールスマンだと、これまでも烙印を押されていた人である。しかし、私は新任の支店長、新しいマネージャーだ。自分の感性で、彼には可能性があると感じていた。彼にとって支店長が代わった今こそ、ダメだった過去をリセットできるチャンスである。

「はあ」

「ところで、お客様はどんなお仕事をなさっている方ですか」

「いやあ、わからないですね」

「やっぱりね、どんなお仕事をしているかとか、その方の性格とかわからないと、次の一手も打てませんね。じゃあ、私、お客様にお会いしてもみたいし……、どうですか、私をお客様のところへ連れていっていただけませんか」

自分より二十歳も年下の人に向かって、連れていってくださいと頼む。そして、いっしょにお客様のところへうかがい、ご商談やいろいろな話をしてもどってくる。こういうときはたいがいクルマで行くのだが、部下のセールスマンが運転して、私は助手席に座っている。クルマが走り出すときに言う言葉を決めていた。

「ああ、楽しかった。Aさん、あなたと今日、半日ごいっしょに仕事させていただいて、とても楽しかった。どうもありがとう」

それから褒めに入る。

「Aさん。トランスミッションの説明の仕方、ほんとうにお上手ですね。私は、ああいう説明はできなかった。感心しました。今日は勉強になりました」

自信のないセールスマンに向かって、私が、勉強になりました、どうもありがとうと感謝してみせるのだ。それから、次はこう言う。

「やっぱり営業の仕事は楽しいですね。ねえ、Aさん、あなた、鞄持ってこうして飛び回っているでしょう（実際には全然飛び回ってなどいない）。でもね、私も負けてなかったんですよ。私もセールスマンのときは飛び回ってたの。だけど今日は反省しました。支店長になると、つい腰が重くなって、ショールームにいがち（この人はショールームでだらだらしている）。いやあ、これはよくない。いっしょに行って、お客様のご家庭にも入れていただいて話をうかがうと、世間の空気もわかります。やっぱりお客様もBMWがいいと思っていらっしゃるのね。こんな憧れを持ってもらえるブランドを扱えて、ほんとうに幸せですね。やっぱり営業というのはいつもこちらから打って出ないとね」

言われるほうはしらけていたかもしれないが、そんなことはお構いなし。ずっと、これをやりつづけた。

その人は商談に失敗して帰ってくると、鞄を置いてさっさとどこかへ行ってしまおうとする。こんなときも、私はけっして叱ったり注意したりはしない。

「ちょっと、Aさん、Aさん。競合していたの、どうなりました？」

「すみません、支店長、ボルボにもっていかれました」

「えっ？」

またびっくりしてみせる。

「へえー、おかしいな、あんなに一生懸命やったのに、どうして？　ちょっとお客様カード持ってきて。えっ、この日に見えてたの、ショールームに？　あれ、私、いませんでした？」

「いや、支店長はお出かけでした」

「あ、ごめん。そうか。私、ちょっと私用で出かけてたんだ。これはAさん、申しわけない。もし私があなたとコミュニケーションをもっと取っていれば、その日はショールームへ出て、お客様をもうひと押ししたら、流れが変わったかもしれないわね」

つまり、彼がやった失敗を共有化するような話し方をするのだ。けっして、彼一人の責任ではないですよ、責めているのではないですよ、というメッセージである。それはある意味、そのとおりだ。私は、プレーイングマネージャーをやっている人間で、販売の現場の責任者なのだ。いつも、「あなたがやっていることと私がやっていることはいっしょなんですよ」というメッセージだ。

ときには、「あなたはダイヤの原石だから、もっと磨いて輝いてほしい」などと、大げさな褒め言葉も使った。褒めて自信をもってもらうこと、そしていっしょに仕事をしているのだという連帯感をずっと発信しつづけたつもりだ。

どんな素晴らしい上司であっても、部下との関係では権威、権力を持ってしまう。そういう相手に対して、部下のほうから心を開いて話しかけてくるというのはむずかしいと思う。だからまず、上司のほうが心を開いて、真正面から向き合うべきなのだ。

――私はどんな人間か、どうやって生きてきたか。これから何をしたいのか。

――あなたは私にとってどんな方なのか。あなたが元気で仕事をしてくれるから、私も元気で、今日一日支店長職ができました。どうもありがとう。

――ご縁は素晴らしいね。こうやってご縁があって、いっしょに働いている。上司として、あなたにほんとうに助けていただいている。

そういうことを上司から語りかけることが大切ではないだろうか。

人を育てることはほんとうの喜び

人間は褒められると、自分に自信を持つようになる。結局、成績の上がらない人というのは、自信がないのだから、自信を持たせてあげればいいのである。それには、叱るよりも褒めるほうが、はるかに効果がある。もちろん、私もときには叱る。しかし、かならずそのあと褒めて、フォローする。要は、褒める、叱るのメリハリだ。

クルマのセールスなら、月当たり五台、つまり年間六十台ぐらいまでならば誰でもできると思う。六十台から上に行くのはむずかしいかもしれないが、そこまでは本人の努力でなんとかなるものである。

成績の悪い人を見ていると、当然、あまり努力をしていない。そして努力をしないのは、自分はどうせやってもだめだとはハナからあきらめてしまっているところがある。やってもだめだというネガティブな気持ちがどこから生まれてくるかというと、当然、これは本人だけの問題ではない。

人というのは、自分のことは自分ではなかなかわからない。相対的に評価される――人と比較されて初めて自分のことがわかるものなのだ。ほかの人よりダメというネガティブな情報が毎回出されると、まったく自信を喪失してしまう。とくに日本の企業には、上司が部下を褒めたり励ましたりする習慣がきわめて少ないように思う。

私もかつてそうだった。OL時代、褒められた思い出がほとんどない。会社の中で、ずっと愛情に飢えていたように思う。子供のころは両親や親戚、近所の人、同級生のお母さんなどにかわいがってもらい、よく褒めてもらった思い出がある。それが社会に出たとたん、叱られることはあっても、褒められることはほとんどない。東洋レーヨンという大企業にいきなり入ってしまったから、よけい厳しかったのかもしれない。男性中心で、本社は大学卒がすべてという会社だったから、それまでの環境とはまるで空気がちがっていた。もっとこぢんまりした中小企業に入っていたら、あるいはもっと温かさを感じたかもしれない。しかし、現実には大変厳しい、高卒の女子には、はっきりと線を引かれたような会社に入り、それだけ失望感が大きかったのだろう。

幸いにも支店長となり、自分が上司にしてほしくてもしてもらえなかったことができる立場になった。私は、職場全体に、いいところは褒め合える空気をつくりたいと思った。

上司である私だけがいくら言ったってしようがない。仲間同士も素直に、そういうことを感じたり、言葉に出すことができるという風土をつくることが大事なのだ。

そのためには職場のトップがまず姿勢を示さないと、そういう空気は生まれない。人は行動するとき、多かれ少なかれ恐れをいだいているものだ。身近なモデルを見て、こういうふうにするとこうなるんだなと、確認しながら自分もやってみるものだ。私が捨て身になってそれを見せれば、みんなの安心感になり、やがては信頼感になるはずである。

新宿支店の支店長になって半年目、業績が低迷していたこの店は、達成率ナンバーワンの最優秀支店に躍り出た。セールスマンはいきいきと働き、セールス活動を心から楽しむようになった。

ショールームでコンサートという新戦略

バブルがはじけて来店数が減った店に、お客様を呼びもどすにはどうしたらいいか。楽しいことにはお客様も来てくださるはずだ。それだったらほかのショールームが全然やらないことをやってみたらどうだろう。そうだ、ここでなにか素敵なイベントをやろう。

たんなるクルマのショールームではなく、文化を発信するサロン的な役割を担いたい。そんなことを思いついた。

最初にやったイベントは、クラシックコンサートだ。夜、クルマはショールームの外に飾り、きれいにライトアップ。二百人ほどのお客様をお招きして、中で音楽を聴いていただいた。音楽会が終わったあとは、立食パーティーである。

イベント企画会社には頼まず、これらすべてをみんなで手づくりした。舞台づくりはもちろん、近くの酒屋さんで缶ビールを買ってくるのも、みんなで分担しておこなった。こういうイベントのときは、「クルマを買ってください」とは一切言わないでおもてなしをする。

すべて手づくりのため費用も安く済んだ。ダイレクトメールを一万通出すと、郵送費込みで二百五十万円ぐらいかかる。それを半分の五千通にして、残り半分の費用でパーティーをやりましょうと提案したのだ。

こうして、年に一度か二度、学園祭みたいなイベントが始まった。コンサート以外では、お能やダンスパフォーマンスなども催した。私が企画プロデュースして、セールスマンたちが実行部隊で働く。何年もつづけるうち、「自分たちでイベント会社できちゃうね」などと冗談で言えるほど、実力をつけた。もちろん、実際にあれこれやっている人たちは大変だったと思うが、それだけ得るものも大きかったはずだ。

まず、それまで各自クルマを売ることしか知らなかったセールスマンたちに、イベントを通じ連帯感、チームワークが生まれた。また、クルマのセールス以外の世界を知ることができたのも大きな成果である。さまざまな分野で、自分の好きなことにこんなにも打ち込んでいる人たちがいるという発見は、すごく心を打ったようだ。芸術家たちといっしょになってモノを創るという体験が、彼らの感性を磨くことになった。もちろん、お客様にも大変喜んでいただいた。

これらのイベントはすごく評判になり、あとになりクルマの紹介をずいぶん頂戴した。店とお客様の絆が深くなった。

再び最下位の支店を任されて、大奮起

平成九（一九九七）年の十二月に、私は再び社長に呼ばれ、他店への転勤を命ぜられた。業績が低迷していた支店を隆盛にしたので、今度も同じように再建してくれとのことだった。しかし、私は自信がなかった。なぜならば、仕事はプロセスありきである。誰も成功を約束してくれはしない。なにごともチャレンジしてみなければわからない。毎日毎日、地味な努力の積み重ねだ。志を捨てずに、毎日、毎日、倦《う》まず飽かずにやりつづけなければいけない。これは頭で考えるよりはるかにむずかしいことである。

ともかくも私は新しい支店に行った。平成十（一九九八）年の一月のことだ。中央区新川の中央支店というところで、銀座をメインテリトリーに持つ大変素敵な支店である。しかし当時、新聞に「倒産ストリート」と書かれた永代通り際にあった。私が赴任する前の秋から冬にかけて、斜め前の山一証券が廃業した。まさしく、倒産ストリートである。

さて、中央支店に行ってみると、五年前の新宿支店とまったく同じ雰囲気だ。セールスマンは自分の魅力を忘れ、この場所の素晴らしさも見失っているのだ。中央支店は、二分歩けば隅田川がある。かつて東京は水の都だった。ことに中央区は川が多い。江戸時代は掘割が水上交通だった。冬には、ここかしこにある橋の欄干にユリカモメがとまっている。こんな伝統的な美しい街で商売ができる。どんなに価値ある支店か、私は語りつづけた。同時に一人ひとりのセールスマンの魅力も率直に語りつづけた。

心をこめて、勝負をかけて、真正面を向いて語りつづけた。そして叱るときは、とことん叱る。若い社員と大喧嘩になって、彼はスケジュールノートを机にたたきつけて外に飛び出していった。しかし、私はひるまなかった。それほど本音で私は勝負をしていたのだ。

「どうしてあなたはこんなに素敵なのに、こんなつまらないルール違反をして、あなたは自分を貶《おとし》める。どうしてなの?」

なんだか無性に悔しかった。私は叱るときも、心をこめて言わせてもらう。叱ったあとは、希望を持ってもらえるように、

「明日また頑張りましょう。いろいろ聞いてくれてありがとう」

フォローする。それでも文句の多い支店長と思われたかもしれない。しかし、こういうことをつづけたら、なんと、このお店は三カ月でトップに躍り出た。このあまりにも早い変化に、さすがに私も驚いた。

そのいっぽうで、新宿支店は実績が落ち込んでしまった。私は上から注意を受ける。

「林さんは、何をしていたんだ。彼らを育ててないじゃないか。自立させなかったね」

そうではない。職場は生ものなのだ。

私も泣いたり笑ったりして生きている。ずっと毎日、健康な状態では会社に出られない。ときには落ち込んだり、ときには体調が悪かったりすることがある。職場とは人が集まって、心

が寄り集まって、魂が寄り集まってできているのだ。会社もまた生身の人間が集まってできた生ものなのだと私は思う。

プロセスをみんなで見つめ合って、大事に思って、希望や愛情に満ちた場所にしなければならない。一日のうち家族よりも長い時間、顔を見ているのは、会社の同僚である。そういう人たちと楽しく過ごさなければ、仕事は苦痛以外の何物でもなくなってしまう。それには、心。愛しかないと私は申し上げたい。

心を精いっぱい、部下に傾けること。今すぐ答えを求めないこと。部下を育てるのは、おそらく子育てといっしょだろうと思う。すぐに答えを、成果を求めようとするから悩ましくなる。部下を育てるためには、長期的に考えなければいけないと思う。いいところを褒めてあげて、ダメなところを叱って、敬愛の念を持って向き合う。

信頼しあう心のベースをしっかりつくってから、仕事のスキルが載っかるのだと私は思っている。人間同士の土台づくりに心を傾けてやると、驚くほど業績が上がる。繰り返して言うが、会社というものは、人で成り立っているのだ。人を大切にする、心を大切にする。今日、出勤してきた隣の人がどんな気持ちかを考えてあげる。そこから仕事を始めたい。一見回り道のように思えるかもしれないが、そういうことをやると、人はほんとうにモチベートされて、ビジネス上のスキルもぐっと高まるのだ。そしてそれが会社の業績へとつながる。

これは、私が無手勝流で、お客様をはじめとする人との出会いの中で教えられてきたことである。本やマニュアルを読んで知ったわけではない。私は不思議と悩んだり、迷ったりしたことはない。もともと人が好きで、人の世話をするのが大好きな人間だから、マネージャーという立場は私に向いていたのだと思う。

部下にクルマを売らせるのではなく、自分がセールスマンとしてクルマを売るほうが、手っ取り早いのではないかと言われることがある。たしかに、支店長――マネージャーになれば、自分が直接お客様に売るのではなく、セールスマンたちにそれをやってもらうことになる。いわば、それまで自分で直接的に売っていたのを、部下を通じて間接的に売ることになるのだ。

それまではトップセールスで、年間百台ぐらい売っていた。マネージャーになってからは、今度は皆で五百台売ってもらうことになった。人を使って間接的に売るわけだから、いろいろむずかしい面、まどろっこしい面はたしかにある。しかし、それがまた楽しい。むずかしいから、面白い。ずっと自分ひとりで売っていたら、いくら大好きな仕事でも、そのうち飽きてしまったかもしれない。

自分の売り方を見てもらうために、ずいぶん同行訪問で、いっしょに回った。やはりマネージャーの喜びは、人を育てる喜び、仕事の成果である。自分がトップセールスで売っていても年間百台しか売れないが、人にやってもらったら、その何倍にもなるという面白さだ。

そして、自分が経験してきたキャリアを伝えたり、スキルを伝えたりして、育てていくことができるのだ。苦労よりもやりがいがある仕事だった。二つの支店を一位にすることができたが、それはまさに、人を育てたことの副産物だったと思う。

フォルクスワーゲンの社長にスカウトされる

平成十（一九九八）年の秋、突然、一本の電話がかかってきた。なんとヘッドハンティングの電話だった。

「あなたにお会いしたいという方がいます」

私は誘われるように、会いに行った。フォルクスワーゲングループ・ジャパンのイギリス人社長だった。

「林さん、わが社のグループの最大の直営販売店、ファーレン東京（のちにフォルクスワーゲン東京に社名変更）の社長をやってほしい」

「えっ？　社長ですか。いや、とんでもない。私は支店のマネージャーで、会社全体のＰＬ（損益計算書）もＢＳ（貸借対照表）もきちんと見せてもらったことがないんですよ」

「そんなものは見ればすぐに慣れますよ。林さん、社長にとっていちばん大事なことはなんだかわかりますか」

「何でしょう？」

「いっしょに働いている社員を幸せにすることなんです。私はあなたを遠くから二年間見ていました。そうしたら、売れなくて困っていた、疲れたセールスマンの人たちをとっても幸せにしたと聞きました。業績が伸びずに不幸な状況にある、うちの社員をぜひ幸せにしてください」

と言われる。私は、「クルマをもっと売ってほしい」ではなく、「社員を幸せにしてほしい」と言われたことに感動した。さらに彼は、

「私は日本で長くビジネスをやっています。日本の経済界というのは、女性にトップマネジメントのチャンスを与えないですね。とても不思議です。私はイギリスで役員に女性を抜擢したが、その方はもっと大きな会社の社長になっている。あなたなら絶対できます。女性でもトップマネジメントができることを、世の中に見せてあげてください。そうすれば、日本の若い女性たちの応援歌にもなるのじゃありませんか」

そして決定的な言葉がつづいた。彼もじつはＢＭＷジャパン常務からの転職組で、私と直接話したことはなかったが、トップセールス、マネージャーとしての私に注目してくれていたという。彼は私の眼をまっすぐ見つめて、

「一応、私があなたのボスになります。グループのトップですから。あなたがこの会社の社長として成功できるように最高のサポートをさせていただきます」

私は、自動車業界に入って長いが、真正面から私の眼を見てこんなやさしい言葉をかけられた記憶はほとんどない。もちろん、私は入ってすぐトップセールスになるし、支店長でもトップになるから、そんな言葉をかける必要はないと思われたかもしれない。そもそも日本の男性はシャイである。

しかし、イギリス人の方にそれを言われたのだ。

新しい会社、しかも競合会社の社長になることに不安がなかったわけではない。ＢＭＷというブランドにも深い愛着があった。しかし、社長としてマネジメントの仕事にチャレンジしてみたいという気持ちもある。結局、一カ月ほど悩んだ末、私はファーレン東京に飛び込んだ。五十三歳のときだった。

この年齢はあとで考えるとちょうどいい時期だったと思う。女性で四十代では、圧倒的に男性優位の企業の社長はさすがにむずかしい。私のほうがよくても、迎え入れる男性たちのプライドが許さないだろう。いくら女性が心をくだいて頑張ってみても、若い女性の上司に対するとまどいがあり、受け入れには時間がかかるようだ。

しかし、さまざまなリスクや不安があるにしろ、私の選択は間違っていなかったと思う。考えてみれば、それまでの私の生き方は、けっして安定したもの、安全なものを選んできたわけではない。二つの選択肢があれば、リスキーなほうを選ぶ、そういう生き方だった。

リスクがあることをわかったうえで、新しいものにチャレンジする。考えてみれば、人はリスクに出会って、それを乗り越えていくたびに成長してゆくのだろう。

リスキーな道を選んで、ときには失敗することもあるだろう。しかし、失敗もまた自分の糧になるものだ。「こうやったら、こういう失敗をした」ということを、身をもって学ぶことができるのだ。

逆にリスクを乗り越えたときは、その経験が自分の自信となるだろう。つまり、失敗したにせよ、うまく乗り越えたにせよ、安定した道よりもリスキーな道を選ぶほうが、人生がより豊かになると思う。

まずやったのは営業時間の短縮

ファーレン東京の百九十人の社員の平均年齢は三十一歳であった。若くて優秀な彼らがもっと自分に自信をもって、長所や個性を伸ばしていけば、この会社はどんどん変わるはずだと私は思った。

そもそも私は、役員経験もないまったくの新米社長だ。マネジメントはこうあるべきだというディーラー経営に対する既成概念を持っていない。現場主義を貫きたいという思いがあり、それが逆に新鮮だと評価されたのだと思う。

私が真っ先に手がけたのは、営業時間の短縮だった。就任した翌月から、それまでは夜九時まで開いていたショールームの営業時間を、二時間繰り上げて午後七時閉店とした。景気の悪い時代に時短をするなんて何を考えているんだ、そういう意見もなかったわけではない。しかし、私の考えは違った。

自動車は、その人の人生やライフスタイルと深い関係をもつ商品だ。人生の大切な思い出の場面にクルマが出てくるということも多い。つまり、クルマを売るというのは、ただ物を売ることではなく、お客様に夢を売ることなのだ。夢を売る社員たちがいつも夜遅くまで働き、ヘトヘトに疲れていて、はたしてお客様に満足していただくサービスができるだろうか。お客様のために社員が犠牲になってはいけない。社員が元気で潑剌としていることがまず基本だ。第一、プライベートの時間を削って働いていたのでは、とてもお客様の生活意識を実感としてわかることなどできない。がむしゃらに遅くまで働くよりも、社員が早く家に帰り、自分の生活を豊かで楽しいものにすることが、結果的には販売実績につながるのだ。

日曜日はショールームがもっとも忙しい曜日だが、少なくとも月に一度は日曜日に休みを取るようにみんなに勧めた。日曜日ににぎわう街を自分で歩いてみて、来店してくださるお客様たちがどんなふうに買い物をされているのか、どんなところで遊んでいるのか、どんなことに喜びを感じるのか、身をもって体験することが大切だと考えるからだ。

組織を変え、権限と責任の明確化を図った。年功序列も廃止した。若くても実力があれば支店長に抜擢したり、女性にもキャリアアップできる道をつくるため、初めて三人を主任に抜擢した。仕事をする上で、男性と女性の性差はあると思うが、男女がまざり合って仕事をすれば、より大きなパワーが生まれる。男女のコラボレーションは、職場に活気を生み出すものだと思う。

いい環境をつくってあげれば、みんな喜々として働く。その結果はおのずと数字に結びつく。

以前、ビジョンメガネの女性社長さんが、

「いや、林さんの講演を聞いて、まったくそのとおりだ」

とおっしゃったことがある。彼女はたしか、ご主人の後を継いで社長となった方。お店を回って、若い人が頑張っていると、「そのネクタイいいわね」とか、「その眼鏡、似合うわね」と、一人ひとり褒めてあげる。すると皆、やる気を出してくれるという。

これは男性にはわかりにくいかもしれない。やはり女性は母性である。肩を叩いて、元気にさせてあげるのが一番よねと言われたが、私と相通ずるものを感じた。

もうひとつ、支店長時代から今に至るまでずっと実践しているのは、「ホウレンソウは上司から」ということだ。「報告」「連絡」「相談」の三つを略して「報・連・相」というのだが、この三つを部下からではなく、上司のほうからするようにする。

仕事を円滑に進めていくためには、上司が何を考えているか、何を部下に期待しているのかを明確に伝える必要がある。よく、自分の部下が心を開いてくれない、というような話を聞くことがあるが、それにはまず上司が部下に対して心を開くことが大切だ。心をこめて部下と向き合う。

組織や仕組み、それを支える人の心を変えるには時間がかかるが、粘りづよくコミュニケーションをつづけることだと思う。

四年間で売り上げ倍増

もうひとつ、就任以来私が重点的に取り組んだのは、営業拠点の統廃合を含めた店舗の刷新だった。世田谷の新しい本社兼ショールームは、人が集うオープンスペースとして設計された。一階は円形のカウンターを中心に、放射状に自動車が展示されている。天井には小さなダウンライトを埋め込み、スターダストをイメージさせる。二階はギャラリー風にアレンジし、開放的な雰囲気を出した。若いカップルがデートで訪れ、ロマンチックな気分になって、星空の下のワーゲンゴルフやビートルを眺めてもらいたかった。

ショールームはブランドのイメージを発展させる場所でもある。ショールームがきれいになると、そこで働くセールスマンの立ち居振る舞いも見違えるように美しくなり、意識もまったく変わる。皆いきいきと働くようになる。さらに私は、ショールームを地域のコミュニティサロンにしたいとも考えた。

平成十一（一九九九）年十月には、六本木のゴトウ花店のホールで、「フラワービートルパーティー」と銘打った催しを開いた。上階のホールで、歌とフルートのコンサートを上演後、一階の花売り場での立食パーティー。観葉植物と花に飾られたニュービートルを囲み、お客様との楽しい歓談。

新車紹介と秋の夜の音楽会を兼ねたものだが、二百六十人のお客様に来ていただいた。お客様への感謝の意を表すと同時に、セールスマンたちの別の顔を見ていただくいい機会でもあり、スタッフとお客様の人間的なコミュニケーションを深める意図もあった。ドレスアップしてご夫婦連れで来てくださるお客様もいて、イベントは大成功だった。このほかにもショールームでは「ダンスパフォーマンス」やクラシックコンサートなど、さまざまなイベントを催した。

景気がよかろうと悪かろうと、意識が高ければどんなときでもかならずクルマは売れる。売れないセールスマンは市況のせいにするが、そうではないのだ。チャンスを肌で感じられるようにならないといけない。

私がおこなったさまざまな改革や提案が受け入れられ、社員の意識が変わるのには、やはり二年はかかった。三年目になると、皆の意識がすごく変わったことを実感した。それは業績の好転、成長とともに感じられた。

ちょうどフォルクスワーゲンの売り上げが倍増になり、経営も順調に推移していたころ、私は再び自分の進路を計る重大な電話をいただいた。ＢＭＷのトップの方からだった。

「林さん、あなたが言うところの、心を大切にする、人を大切にする。ＣＳの前にＥＳありきということをぜひ、わがグループに戻ってきて、今度はＢＭＷで実現してほしい」

と言われたのだ。私は悩んだ。四年半の間、縁あっていっしょに働いてきたフォルクスワーゲンの社員さんたちとお別れしなければいけなくなる。せっかくここまでやって来たのに……。

しかし、彼らは、こう言ってくれた。

「社長はその胸の内に羅針盤を持っている。その羅針盤の示すままに、ご自身で航路を決めてゆく。どうぞ迷わず行ってください。僕たちも、かならず自分たちで航路を決める人間になります」

温かい励ましに送り出され、平成十五（二〇〇三）年八月に、社長としてＢＭＷ東京に戻ることになった。私を一人前の社長に育ててくれたフォルクスワーゲンには、ただもう感謝の気持ちしかなかった。

古巣のBMWに社長復帰

BMWに戻った私は、まず経営幹部の人たち一人ひとりと話し合った。しかし、私は特定の人とランチを食べることはないし、夜飲みに行ったり、食事に行ったりすることもない。みんながそろったところでの食事ならおつき合いするが、特定の人とだけ親しくすることはない。

初めは元支店長で、他社にスカウトされて、再び社長として戻ってきた私を受け入れようとしない人ももちろんいた。しかし、私は相手から受けるものに対して、感情を出さないように努めた。私も人間だから、相手に拒否されればわかるし、さびしい思いもする。しかし、一切そうしたことを感じていないように振る舞った。

着任したばかりのときは、しょせん、名ばかりの社長にすぎない。いっしょに働く社員のみんなが、私を社長として受け入れてくれるかどうかにかかっている。そのためには、自分はどういう人間で、何を考え、何をやってきたか、率直に、ひたむきに言葉で伝えるしかないと思う。結局、私が社長業をやらせていただけるのも、みんな部下のおかげなのだ。私を一人前の支店長にしてくれて、一人前の社長にしてくれたのもみんな部下のおかげである。つまり上司と部下の関係は、学び合いだというふうに思う。

ひとつの企業の中にもいろいろな仕事があるが、どれひとつとっても必要のない仕事はない。メカニックとしてクルマを修理する人も必要だし、経理部長も必要だ。一つひとつの役割を各社員がまっとうして初めて会社が成り立つ。これは社長になってほんとうに実感した。自分が下で働いていたときは、残念ながらそんなふうに全体を見ることができなかった。

それにしても、社長という仕事は面白い。これほど面白い仕事はない。なにしろ、すべての責任は自分一人にかかってくる。プレッシャーも大きいが、やはり喜びもそれだけ大きい。社長業はプロデューサーでありディレクターであり、まさにコーディネーターでもある。社長がオールマイティである必要はない。それぞれ社員の持つ得意技を集めて、組み合わせてやっていけばいいのだ。そして、社員のみんなが働きやすい環境を一生懸命つくってあげればいいのである。

女性のキャリアアップの道をつくりたい。日本ではまだまだポジティブアクションが必要だ。初めて抜擢した女性マネージャーは、チャンスを与えられ、人が変わったように働き始めた。

毎週火曜日の朝は全員で朝礼をおこなうが、ディーラーお決まりの実績報告のみではない。社員一人ひとり順番を決めて、三分間スピーチをしてもらう。話の内容は天気や健康以外のことなら何でもいい。みんなの前で話すことによって、お互いに話す内容を考え抜くようになり、意外な一面を知るいい機会にもなる。

管理職にはマネジメントの通信教育を義務づけ、さまざまなテーマについて、社内の専門家を講師として自由参加の勉強会も開いた。

ショールームでのイベントは、ＢＭＷに戻ってからももちろん続けた。二〇〇四年四月には、ショールームでお芝居を企画した。ＢＭＷのお客様だった風間杜夫さんに私がじかにお願いして、ヒューマンタッチの一人芝居『カラオケマン』の公演をした。ショールームの中に芝居小屋を設営、一階に畳と座布団を強いて桟敷を作って二百人ほどのお客様に坐っていただく。ＢＭＷというのはどうしても敷居が高いイメージがある。それが、やさしい芝居をやるんだねとたいそう喜ばれた。上演後は風間さんとの交流パーティーを開催。五つのショールームで全五回おこなった。

これまで、支店長時代、フォルクスワーゲン時代、そしてＢＭＷに戻ってきていろいろな企画をずっとやってきた。お能もやったので、文楽や寄席などもいつか開きたいと胸の中で企画を温めていた。若手でまだ真打ちになれなくて、場が欲しいという人たち、そういう方に提供するのもいいと思う。ショールームひとつとっても、いろいろな可能性があるのだ。

おもてなしにもさらに力を入れた。ショールームに絵画や生花のディスプレイをしたり、ショールームの入り口カウンターには「コンシェルジュ」をおき、お客様を店の外まで出てお出迎えする。ショールームのことなら何でもわかる、キャリア三十年のベテランマネージャーにこの初めての仕事をお願いした。お客様にほんとうに満足していただけるような、ホテル並みのホスピタリティをご提供することをめざした。

お客様もひとりの人間だ

トップは現場主義でなければいけないと思う。社長こそ現場の隅々まで目が行き届いているべきである。現場主義がすべてであるはずなのに、マネジメントのどこかでそれが途切れてしまうことが多いのではないだろうか。

私は直接販売に携わらなくなっても、いつもお客様の気持ちを感じていなければならない、働く社員たちの様子をつかんでいなければならないと思っている。そこで時間があるとできるだけ各支店を回って、支店のトップの人とだけでなく、それぞれのセールスマンと話をするようにした。そして、「林社長のワンポイント営業アドバイス」をおこなったが、たいていのセールスマンは、お客様が最初にショールームに入っていらしたとき、私とまったく違うことを考えていることがわかった。

私は、まずお客様を見ると、その方はどんな人かなと考える。どういう性格の方かな、どういうところにお住まいなのか、お仕事は何だろうと興味が湧くのだ。

ところが、セールスマンたちは違う。

「この人は、サービスに来たお客様か、それとも新車を考えているお客様か」

最初にそれを考えるという。そうではなく、お客様に人間的な関心を持ってほしいと思う。初めてお目にかかった方に、お客様というより、ひとりの人として、いらっしゃいませという気持ちで、その方に関心を持って話をする。すると、商談に入ったときには、人間関係がある程度できている。

お客様の立場から見れば、セールスマンに対してものが言いやすくなる。初対面から言いやすい。

「林さん、これをなんとかしてよ」

お客様に言いたい放題言ってもらう、これが大切なのだ。まず言いたい放題言ってもらう。もちろん、いくらお客様に言われたって、できないことはできない。何をお客様が望んでいるかわかることから、話は進むのだ。

しかし、最近の人は、言いたい放題言われるのを嫌がる人が多い。負担になってしまうのだ。「もっと負けろ」と言われたら、「何言ってるんだ、おれはこんなにサービスしているのに」というような気持ちを持ってしまうのだ。

商売では「ご冗談をおっしゃって」と、上手に受け流すこともときには必要だ。いちいち真に受けて、「何言ってるんですか」とムキになっていてはそれこそ神経がもたないだろう。そのへんは、やっぱり時間をかけながら、お話ししながらという商売だから、会話を楽しまなければいけない。いわゆる大人の会話なのだ。

商談をするということは嘘ではなく、本心に違いないのだが、少し虚実ないまぜというところがある。商売には多少の駆け引きはつきものだ。全部ほんとうのことばかりではつまらない。ちょっと嘘もあるが、でも、それもやっぱりほんとうで……といった微妙なものだ。

なかにはそういう、微妙な呼吸を楽しむお客様がいて、「林さん、うまいねえ」などと言われることがある。お客様は押し切られたなとわかって、それを楽しんでいらっしゃる。林さんにやられちゃったなと言いながら、じつはご自分が得しているところもあるかもしれない。そのへんの微妙なところが、この仕事の醍醐味でもある。

私はいやなお客様、苦手なお客様がまったくいなかった。最初は私を受け入れない人を、いかにこちらに向かせるか。恋愛と同じで、私はそういうパターンをずいぶんと楽しんできた。

部下を自分のほうに振り向かせる

ＢＭＷの社長時代、こんなことがあった。四十過ぎの支店長が部下に向かって、「どうするんだよ！　こんなんじゃだめじゃないか！」

ひじょうに高圧的に叱り飛ばしているのを見かけたのだ。私はその支店長を呼んで、「あなたは能力があり、人間的にも素晴らしい。それなのにああいう言い方をしていては、周囲の人に誤解されてしまいますよ。自分の感情を一方的に相手にぶつけるのではなく、相手の意見を聞きながら話をしてみたらどうでしょう？　そうすれば部下もあなたと同じ土俵に上がり、いっしょに考えるようになるんじゃないですか」

彼は自分のしゃべり方についてこれまでアドバイスされたことなどなかったようで、「そんなこと親にも言われたことがありません」と驚いていた。

お客様との場合もそうだが、部下との関係はいかに相手を自分のほうに振り向かせるか。たとえば、年のいった頑固親父のようなタイプの男性だとする。いちばん大事なのは、話の運び方、肝心な話への持っていき方だ。何かをやってほしいと伝える場合、私はいきなり「これをやれ」「あれをやっておいてくれ」と言うことはしない。

部下が社長室に入ってくる。

「あら、ちょっとダイエットなさった？」

「いや、社長。じつは、長いことクルマ通勤だったんですが、今回電車通勤になりまして。それに仕事に苦労しておりますから」

相手もなかなか曲者《くせもの》だ。そこで私は、にっこりと、

「素敵ですよ。奥様もそうおっしゃらない？」

これにはさすがにニヤーッとなる。

「ありがとうございます。あなたみたいな男の方に参画してもらって、うちは若い人が多いので助かりますよ。つきましては――」

こうしてやってほしいことを伝えれば、

「ああ、やらせていただきます」

となる。ビジネスである以上、「これをやれ」と命令すれば結局、部下はそれをやらざるをえない。しかし、どうせなら相手に気持ちよくやってもらいたい。やれと言われてイヤイヤやるのではなく、感謝されながら、「大変な仕事、むずかしい仕事だからこそあなたにやってもらいたい」というのであれば、受け手の気持ちがまったく違う。誰しも、褒められたり、自分を頼りにされたりして悪い気はしないものだ。

こうした心理的な駆け引き、コミュニケーションのとり方について、男性はあまり意識がな

いようだ。部下を褒めるのも苦手のようだ。

こうしたことを、私は車のセールスから学んだのだと思う。初対面のお客様に数多く接するうちに、コミュニケーションの大切さ、よりよい関係を築くことの大切さを、身をもって知っていったのだ。

トップセールスと、そうでないセールスとはここが違う

同じセールスマンでも、販売成績にはどうしても差が出る。トップセールスと、成績がよくないセールスでは、いったい何が違うのか。

支店長時代、社長となってから、いろいろな部下を見てきてわかったのだが、下手なセールスマンは一人のお客様に向くと、その方ばかりを攻めているのだ。買ってくださるまで、毎日、通いつめるのである。これは効率が悪すぎる。いくら回数をかけても一人である。

私は現役時代、最初の百軒訪問とまではいかなくても、同時進行でいろいろなお客様にアプローチしていた。不器用なセールスマンは、この同時進行ができないのだと思う。

自動車販売の仕事は、扱うのが高額商品でアフターケアがつきまとうが、結果、おつき合いを続けながら買い替えてもらえるというなんともありがたい商売である。

どんどんお客様と人間関係が深まっていく。続けるということが何よりの価値である。若い人たちにぜひ、もっとやってもらいたい。好きなブランドであれば仕事はますます楽しくなるだろう。お客様がセールスマンを頼りにしてくださる。そういう仕事なのだ。

クルマの販売はじつは大変、地道な努力が必要で、毎日毎日の積み重ねの中で売れていく。右肩上がりであっても、需要が低迷している時期でも、やることはまったくいっしょである。毎日の積み重ね以外の何ものでもない。きちっと定期的なアフターケアをして、安全なカーライフを守っているのだという気持ちでお客さんとつながっていく。お客様が必要とされるタイムリーな情報をお届けする。そういう人間関係を作りつづけていくのだ。

こんなにありがたい商売はない。なにしろお客様が不特定多数ばかりではなく、ちゃんと目にも見えている。だから、売れなくて困ったら、以前買っていただいたお客様のところに行って、買い替えてくださいと頼めばいいのだ。

クルマのセールスには、もちろん売り方の方法論はある。ＢＭＷの場合でいえば、ＢＭＷアカデミーという学校があって、セールスの基本的なスキルはそこで学ぶことができるようになっている。ホンダのときも、既納客保持プログラムというものがあった。既納客を保持するプログラム、つまり一度買っていただいたお客様と関係を維持するためのプログラムである。たとえば一週間目に電話して、何カ月目には訪問するというようなマニュアルだ。

しかし、お客様は一人ひとり違っているし、なかなかマニュアルどおりにはうまくいかない。実際に現場でそれほど正確におこなわれているかとなると疑問だし、求められるのは、マニュアルどおりの方法ではなく、そのセールスマンの人間性なのだ。営業の方法論はたくさん出ているが、やはりマニュアルどおりにはいかないのが営業だ。セールスマンの生き方とか、人間性が全部反映される仕事である。

大前提がまずお客さんに嫌われないこと。立ち居振る舞い、身だしなみ、それから印象。これはそうむずかしいことではない。お客さんにいやな感じだと思われたら絶対だめである。

じつのところ営業というのは、本人の資質の部分が大きいが、努力で十分カバーすることができる。年間六十台ぐらいまでは誰でも努力しだいで販売できるはずだ。

私がＢＭＷのセールス時代、恵まれていたのは、少数精鋭主義だったことだ。そこで磨き抜かれたという自信がある。クルマの営業は、平均的にこつこつ、毎月何台売っているからいいというものではない。これは抽象的な言葉で「華がつかない」という。華がないとだめなのだ。毎月三台ずつコンスタントに売ったって華はつかない。思いっきり売れるときは売る。それがすごく大事である。それがトップセールスなのだ。

若い人にもどんどんセールスの仕事をやってほしいと思う。この仕事に向いているのは、

①人にも物事にも好奇心がある。
②目標数字をプレッシャーと感じず、自分をレベルアップさせて達成感を得ることを喜びと感じられること。チャレンジ精神があること。
③明るくポジティブな性格であること。

ビジネスには、年齢を重ねるとともに乗り越えていかなければならない山があり、それはどんどん高くなっていくものだ。これは自動車業界だけではなく、どんな業界であっても同じだろうと思う。

お客様、上司、部下、競合相手……、さまざまな人と勝負していかなければならない。そのためにはまず、明日に向かう体力と気力が必要だ。

若いときに厳しい山を登ってきた人は、より厳しい山にも立ち向かうことができる。鍛えていないと、ここ一番という勝負どころで、疲れて立ち止まってしまう気がする。

第5章

女性の力が企業を活性化する

国際女性ビジネス会議で出会った女性たち

二〇〇四（平成十六）年七月二十四日、東京・台場で開催された「第九回国際女性ビジネス会議」に招かれた私は、特別講演をおこなった。基調講演は、宇宙飛行士で現在、日本科学未来館館長の毛利衛さんだった。

国際女性ビジネス会議は、私の親しい友人でもある佐々木かをり氏（イー・ウーマン代表）が、年に一度開いている。働く女性がプロフェッショナルとしてビジネスシーンで活躍していくために必要な知識や技術を習得すること、また、向上心の強い仲間たちと積極的に交流して国際的な視野から刺激を与え合い、サポートし合う機会を提供することを目的に開かれる会議である。会場は全国各地から集まった八百五十人で満席。このうちおよそ九割が女性だった。会場はまさに女性たちの熱気であふれていた。

私の講演テーマは「リーダーシップとは」だったが、私はこれまでの自分のキャリアについてお話しした。すなわち都立高校を卒業後、当時憧れの職業、大手企業のＯＬとなったこと。お茶汲みやコピー取りには満足できず、新天地を求めていくつかの会社に移ったが、やはりどの職場でも満足のゆく答えは見つからなかったこと。

やがて三十一歳のときクルマのセールスの世界に飛び込み、ようやく天職と思える仕事に巡り合え、私の真のキャリアがスタートした……。

会場では私の話を八百人近くの女性が熱心に聴き入ってくださった。講演のあと、分科会があり、さらに夜にはビュッフェ式の懇親会が開かれた。ところが、この夜私は一口も料理を口にすることができなかった。なんと、何百人という女性たちが、私と名刺交換をするために、会場で並んで待っていてくれたのだ。私の講演に感動したと皆さん口々におっしゃってくださる。私の講演はまさに「自分のための話である」と皆さんが感じてくださったようだ。

さらに言えば、ご自分の職場での経験に私の話を重ね合わせ共感してくださったのだと思う。四十一年間働いてきた先輩として、後輩の女性たちに心からのエールを送りたい、というのが私の思いだ。

私はお一人、お一人と名刺交換をした。もちろん、ただ名刺交換をするのではなく、「お仕事は？」とか「どちらからいらっしゃったのですか」などの言葉を交わしながら、皆さんとの交流を心から楽しんだ。

国際女性ビジネス会議に集まった女性たちは、職種はさまざまだが大半が仕事をもっている女性で、せっかくのこの機会にできるだけ多くのことを学び、吸収して帰ろうと思っている。そして会議のあとでおこなわれたアンケートによると、五百九人の方が回答を寄せられ、そのうち九九・八パーセントの人が私の講演に満足してくださったという。たいへんありがたい話である。

二〇〇五年の「第一〇回国際女性ビジネス会議」にも参加して、五百八十人と名刺交換をした。皆さんが行列をつくって、この一年の間に何をやってきたかというご自分の報告をしてくださったことに感激した。一年間の仕事はもちろん、ご自分の本を出版されたという方もいらっしゃった。

閉会のとき「乾杯の音頭を取ってください」と頼まれ、

「来年七月十五日に、かならずまたここでお会いしましょう。次回はスピーカーではなく、一聴衆として参加します」

満場の拍手をいただいた。その後またお手紙をたくさんいただいた。

「私もかならずまた来年、林さんに会いにいきます」

そんな熱烈な手紙が多かった。多くの女性が学びたがり、人の話を聞きたいと思っている。彼女たちに自分のこれまでのキャリアを語ることが、私の務めではないか。私はその思いをますます強くした。

女性はオープンで、ビジネスに向いている

ビジネスの成功の基本はなんといってもその人の人間性であり、よく言われるところの人間対応力が不可欠だ。

日本の企業文化はこれまで、人というものを真っ正面に取り上げるとか、人に向き合うという風土がわりと希薄だったように思える。それはやはり、日本企業が男性中心の社会だったからだ。

人間として女性のほうがオープンである。男性と比較すると、社会的に背負っているものが少ない。男性はどうしても鎧を着て身構えてしまうが、これまで社会的にそのように訓練されてきたのだから、ある意味しかたがないといえばしかたがない。

女性のほうが、より包容力があるのではないだろうか。情緒性とか感性というのが男性より豊かだから、そこが大変強みで役に立つこともある。心が全方向に開かれているというか、どこから来ても大丈夫というところは女性ならではだと思う。

男性は切り口が決まっていて、そこから入っていかないとなかなか心を開けないが、女性は少し抽象的な言い方だが、どこからぶつかってこられても受け止められる気がするのだ。女性のもつ多様性といってもいいかもしれない。

また、当意即妙というのも女性のほうがうまい。女性の持っている受け身のやわらかさが人間関係をスムーズにする。

ブルドッグソースの池田章子社長もまったく同じことを言われていた。男性社会の中で、やわらかく自分は生きてきたのだとおっしゃる。

「そうじゃなかったらもうとっくにつぶされてますよ」

そのとおりだと私は思った。力ずくで来られたことに、女性は力ずくで応えられないが、それがまたかえっていいのかもしれない。しぶとさも女性の強みなのだ。しぶとさというより、ねばり強さというべきか。

ともかく、こうした特性はビジネスにはとても向いている。とくにセールスの世界、ものを売るということは、女性の感性が生かされる世界なのだ。さらに言うと、女性というのは管理職、マネージャー職にも向いている。セールスに向いているのと同様の理由で、心を開いて人と向き合うことが得意だからだ。

また、女性は男性よりも気長である。男性は短気で答えをすぐ求めたがる。成果をすぐ求めるというか。そういう資質は、人を育てるというのには不利である。すぐその場で育つのが見たいというか、答えを求めることは無理なことだ。その点、女性のほうは気長に人を育てることが上手だと思う。

女性にはさまざまな長所があるにもかかわらず、これまでの日本では、女性管理職の数があまりにも少なかったために、評価の対象にもならず、誤解されている面も多かったのだと思う。

これからの企業は、ますます女性の活用が欠かせない。男性のトップの方には、ぜひ女性の管理職への登用を意識してやっていただきたいと思う。

そもそも女性の管理職が増えない原因は、これまでロールモデルがいなかったことだ。実際にそばで、お手本あるいは目標となる姿を見せてくれるような環境がなかった。最近では、いわゆる「メンター制度」が流行っているが、それはこれまで、適切な相談相手が身近にいなかったことの裏返しでもある。人生やビジネスの先輩である年長者が、若い人と定期的、継続的に信頼関係を築きながら、支援や助言をおこなうメンター制度は、今後もますます不可欠になっていくはずだ。

私は自分が経営者になって、真っ先に実現したかったことというのは——もちろん、本業以外でだが——中間管理職の女性たちのロールモデルになりたいということだった。

私自身が中間管理職の時代、つまりＢＭＷの新宿支店長の時代に、女性経営者が集まる記事を新聞や雑誌で読み、たいへん強い憧れを抱いた。ところがそれは、社長しか入れない会だったから、遠くから眺めることしかできなかった。そうした会は、いつも女性の社長だけで集まっている。そんな世界だったのだ。

そこで自分が初めて社長になって最初に考えたことは、この輪の中に入っていきたい女性はたくさんいるはずだ。経営者たちが集まって、そういう若い女性たちを輪の中に入れてあげて、自分たちがこれまで歩んできたビジネス人生を語ってあげ、それから相談役になるということを、しなければならない。そう思って、いろいろな経営者の方に声をかけ、一人ずつ、仲間を増やしているところだ。

そういうことを、われわれ経営者は考えているということ、そういう機運が出てきたということを、中間管理職の女性たちにもぜひ意識していただきたい。

上司の男性に積極的に話しかければ教えてくれる

これまでの日本の企業文化の中で、男性はどうしても、女性を戦力としてとらえる傾向が少なかった。特に六十歳近い男性は、自分から女性に話しかけるのが苦手だ。相手が女性だということだけで苦手意識をもって、心を開くことができなくなる。

おまけに女性に対して、シャイで遠慮がちなところがある。ましてや現代は、自分からなにか積極的に働きかけると、「やれセクハラだ」と糾弾される可能性もある。ヘタに女性社員に話しかけたりすると、よけいな誤解を生むのではないかという心配まである。

いっぽう、女性はもともとオープンハートなのだから、女性のほうから少し勇気をもって話しかけてあげるといい。そうしないと、職場では会話が成立しないことが多い。

たとえば部長が、朝、オフィスで新聞を読んでいる。仏頂面で不機嫌そう、いかにも近寄りがたい雰囲気である。お茶を運ぶのもおっかない。ところが実際のところ、部長も内心、女性社員の何気ない言葉や態度に一喜一憂していたりするものなのだ。社長であれば、自分の秘書の様子が気になる。これはじつのところ、私もそうである。たとえば秘書が、元気がないと、何か気にさわることでも言ってしまったのかと内心、心配になる。そういうものなのだ。

だから、ぜひとも女性のほうから上司の男性に積極的に呼びかけてほしい。そうすれば、男性というのは心が開けるものだ。

そうはいっても、何について話しかければいいのか、わからないかもしれない。いちばんいいのは、仕事のことをあれこれ相談することだと思う。女性たちは、

「私には身近なロールモデルがいない、相談できるメンターもいない」

と言う。たしかにそうなのだが、そのことを嘆いていても何も始まらない。見渡せば近くには上司や同僚など、男性の方がたくさんいるはずだ。そういう人に向かって、女性のほうがやわらかく呼びかけて、「教えてください」とお願いしてみるといい。

日本の男性は、自分のほうから手を差し伸べるのはどうしても抵抗がある。しかし声をかけ

てもらえさえすれば、意外と喜んで、それこそ大喜びで教えてくれるというのが実態ではないだろうか。人間誰しも、頼られたり、信頼されたりして悪い気がするはずはない。シャイな男性たちに、ぜひ女性のほうから呼びかけてもらいたい。それが職場の人間関係をよりスムーズにする秘訣ではないかと思う。

上司をサポートすることがスキルアップに役立った

「ホウレンソウ（報告、連絡、相談）は上司から」というのが私の持論だが、それは自分が上司になってからの話である。私自身はかつて上司に対して、積極的にホウレンソウする人間だった。外回りから帰ってくると、かならず支店長のところへ行って、商談の状況や外回りの様子を逐一語る。上司は最初のうちこそそれほど関心がないようだったが、こちらが話をすれば聞いてくれる。人間関係というのは、そこから始まるのだ。片一方が積極的でなければ成立しない。

考えてみれば、これは恋愛も同じである。思い込みの激しい男性もしくは女性がいて、はじめて成立するのが恋愛である。自分は一生懸命相手を好きで、相手もきっと自分を好きだと思い込まないと恋愛は始まらない。職場の人間関係もそれが大事である。

私自身に部下がいて中間管理職をやっていた時代は、部下のことを上司によく話した。自分が部下に対してマネージしている状況を詳細に報告することは、上司との信頼関係を築く一助になるだろう。

それからもうひとつ。私は上司を一生懸命サポートした。どうしたらこの上司が気持ちよく働けるかということを、たえず考えていたように思う。これはなにもゴマをするためではない。上司が気持ちよく働けるために何をすべきか、これは部下として大事な要件である。職場での豊かな人間関係を築いていくためには不可欠なことなのに、なかなかそれができる人がいない。部下は上司に気を遣わず、無造作に甘える。今だとPCに向かったまま、上司が通りかかってもろくに挨拶もしない。そういう会社も実際にあるようだ。

上司の顔を見て、「あっ、おはようございます」と明るく挨拶をしてちょっと話をする、そういう気持ちが大切なのだ。

上司をサポートするというのは、どういうことかわからない人もいるだろう。私自身の経験でいえば、営業課長をやっているときは、毎朝自分でクルマを運転して通勤していたのだが、その間、今日はどういう営業報告をしようかとか、何を質問されるだろうかということをいつも考え、答えを用意していた。おそらく、これとこれを聞かれるだろうと予想し、対策を練っておく。その日出勤して行き当たりばったりではなく、あらかじめ気持ちの準備をしておくのだ。それがひじょうに営業に生きたと思う。

つまり、サポートというのはちょっとした相手への思いやりだ。たとえば支店長が何か会議に出るとすれば、こういうことが考えられるだろうと先読みして、それに必要な説明を用意する。上司がちょっと関心を持っているんじゃないかなと思ったことは、先に報告する。つねに上司が何に関心を持っているかということをウォッチしていた。これはいつも観察していればわかることだ。A君は最近元気がないし、売れていない。支店長はきっと心配しているだろうと思えば、A君のことを話す。

いちばんうれしいのは、自分が考えていることにピタッとはまるときである。上司の満足を得られるときは最高だ。部下がそれをやってくれたら上司のストレスがなくなり、結局、自分も仕事がしやすくなる。

なんだかんだ言いながら、男性社会の中で毎年昇進――私は平社員で入って、主任、係長、営業課長、支店長と、毎年昇進していった――できたのは、そういう気遣いがあったからこそではないかと今にして思う。

女性はあきらめてはいけない、いまこそチャンスだ

たとえば、ゴールドマン・サックス証券日本法人の社員は四〇%が女性である。そういう会社では女性もじつにいきいきと働いている。そのいっぽうで、相変わらず昔のまま、男性中心で女性は補助業務という企業もあって、その格差はかなり大きい。

一般的には外資系のほうが女性の活躍の場が多い。私もここまで来られたのは、外資にいたせいかもしれない。残念ながら日本の企業ではむずかしかったかもしれない。

今、ダイエーに来て感じるのは、ここは小売りの流通業界であり、まだまだ女性に門戸を開放しているとはいえない段階だということだ。一九八五年に成立し、一九九七年に改正(一九九九年に施行)された男女雇用機会均等法だが、実際はまだまだ女性に道が開かれていない職場が多い。やっと最近、芽が出てきた段階だが、企業格差は大きい。

女性の方に申し上げたいのは、ここであっさりとあきらめてはいけない、働く意欲を失ってはいけないということだ。いっとき揺り戻しがあって、

「苦労して仕事することはない。結婚して家庭に入ったほうがいい」

と考える人も増えていたようだが、今は生き方が多様になっていて、逆に言うと、働く女の人にはひじょうにチャンスがある。というのは、企業側はあれこれ理由を並べて、女性を拒む

ことがなくなってきているのだ。企業にそんなゆとりはまったくない。

現在、ニート（NEET＝Not in Education, Employment or Training）と呼ばれる就職も就学もせず、また職業訓練も受けていない人は、八五万人（二〇〇二年、内閣府）という。また、正社員として働かないフリーター人口は四一七万人（二〇〇一年、内閣府）にのぼる。フリーターにはもちろん、正社員になりたいがなれないという人も含まれているが、その一方で、正社員としては働きたくないという人も多数いるのである。

こうした時代背景を考えると、男性だけではもはや日本の企業は支えきれない。男性だけでは労働力の確保がむずかしくなってきている。量的にも質的にも、女性は労働力として必要とされる時代なのである。

私が思うに、今は企業が女性を拒むというよりも、女性のほうが自分で身を引いてしまっているような印象を受ける。もっと積極的にアピールしていいと思う。女性が山を動かしていくという時代がまちがいなく来ているのだ。

たとえば、私が外国の新聞や雑誌から評価されるようになってきたのもその現れのひとつだろうと思う。これまで日本の女性経営者はあまり注目も評価もされなかった。起業家は注目され、評価されることも多いが、私のように、組織の中で育ってきた女性に対しての関心は低かった。それが評価されるようになってきたということは、日本企業が変わってきたことのひとつの証明ではないかと思う。

多様化した社会に女性は合っている

現代は個人の側から見れば、これまでよりもっと柔軟な働き方ができる時代だ。フルタイムの正社員もあれば契約社員もある。アルバイトやパートタイムで働く道もある。

企業側も、たんに一律に正社員がいいというような考え方は持っていない。フルタイムがどうとか、終身雇用制がどうとかいう時代はすでに終わった。フルタイムでちゃんと働きたいという人がいるのはもちろんいいことだし、いてもらわないと困るのだが、あとは時間で働く方がいてもいい。まさに多様性の時代である。

たとえば、ダイエーなどはその典型で、八時間勤務もあれば、四時間勤務もある。そのシフトの中でいい仕事をしてもらおうという体制ができてきているのだ。

女性は男性よりもむしろ自分の人生の中にきちっと仕事をベースにして、結婚や出産、育児などと両立させながら多様的に生きられる。ある時期は仕事の量を減らすとか、ある時期は仕事をしばらく休むとか、さまざまな道が考えられるが、これは女性ならではの特権だろうと私は思うのだ。むろん、企業側もそうした女性支援をさらに充実させなければならない。

また価値観の多様化にともない、仕事を通じて自己実現しようという方と、そうでない方たちにくっきり分かれてくる。一生懸命仕事を通じて自己実現したいという女性もいれば、そうではない方もいるだろう。どちらがよくてどちらが悪いということではなく、それだけ人それぞれの価値観が認められる時代なのだ。

おそらく儒教の影響により、日本人は明治以降、倹約が美徳であるとか、仕事をすることが美徳であると思い込んできた。ところが、かたや人間という動物は遊ぶために生まれたという人もいる。これもどちらが正しくてどちらが間違っているという問題ではない。明治時代にはまだ「高等遊民」という働かない人たちがいたが、大正、昭和と時代が進むにつれ、とくに戦後は、勤勉さが尊ばれ、「働き蜂」をもっとも多く生産した時代といえるだろう。

今はレジャーや趣味も多様化していて、遊ぶために働く人が相当増えたと思う。そういうふうに、だんだん人間は行き着いてくるわけだから、経営者側としては、そこを全部否定してかかって、ものすごく勤勉になれと言ったところで、それはとうてい無理な話である。

勤勉が好きな人とそうでない人とがいる。世の中にはワーカホリックもいれば、それを否定する人もいる。さまざまな価値観を多様的に受け止めるのが経営者側の、これからの課題だと思う。

生活を大切にし、生活の中で仕事もする

たとえばある証券会社のディーラーは何百億円もの収入があるという。彼らのようにずば抜けた才能でお金を稼ぐ人をうらやましいと思う人もいるかもしれないが、皆が皆そう思うわけではない。ほんとうの幸せは、毎日きちんと生活していく中にあるということも事実である。そのことに気づく人が増えている。二十一世紀はまさに「哲学と愛の時代」なのかもしれない。

自分の家族を大事にしたい、自分の友達を大事にしたいと考えて生活をすることに価値が見いだされる時代である。生きていくことそのものに意味があり、毎日の地味な積み重ねに価値がある。これもやっぱり女性にとっては有利な状況になっているように思える。

女性は、男性に比べて生活の中で小さな発見をしながら楽しむということをするものだ。だから、栗原はるみさんのように家庭を大切にしながら料理家として歩んできた方がクローズアップされ、光が当たる。収納のスペシャリストの近藤典子さんなども同じだろう。女性が日々の生活の中で、何かひとつのことを極めてスペシャリストになる。こうした道があるのは、女性ならではである。

ということは、今は専業主婦でいる方でも、何か自分の得意なものをとことん追求することが大事なのだ。

私自身は働くことがあたりまえで、仕事が好きでたまらない人間だが、だからといって、女性が皆働くべきだなどとは思っていない。ある時期専業主婦となる、あるいはずっと専業主婦で家事の切り盛りと、ご自分がやりたいことを追求していくという道もそれはそれでひとつの生き方であり、りっぱな選択だと思う。

現代は情報技術革命のおかげで、家でいくらでも情報を得られる。インターネットがまさにそれだ。外で働いていないから社会から取り残される、情報も閉ざされるというようなことはない。もちろん少し外に出てみれば、さまざまな学ぶ機会がさらに広がる。さまざまなテーマの社会人講座や講演会もある。

子供が小さいうちは、たしかに時間的な制限や束縛されることも多いが、ある時期が来たら、かならず自分自身のための時間が取れるようになる。そのとき再び働くのもよし、仕事以外の何かを見つけるのもまたよしである。専業主婦の方は、自分しだいで、自分の時間をいくらでもマネジメントできる可能性がある。

自分のための時間が持てるような時期が来たら、自分の人生を豊かに生きられるようになる。そのときはぜひ何かひとつ、ライフワークを見つけられるといいと思う。母親がひとつのことを追求しつづけるということは、子供の教育やご主人にとって大変いいことだ。自分の世界を持たないと、つい夫や子供に関心とエネルギーを集中しすぎてしまう。

ライフワークというと大げさかもしれないが、なにかひとつ好きなことを見つける。趣味でもいいし、勉強でもいい。手芸でも庭づくり——イングリッシュガーデンでも何でもいい。何か書きたいと思えば、本を読みまくることから始めてもいい。私は今、金魚とメダカを飼っているが、毎朝起きて水槽のライトをつけ、餌をあげるのが楽しみでしかたがない。

自分の好きなことを自分のために追求する。それがひいては人のためにもなるのだ。妻あるいは母親がいきいきしていれば、家庭は明るく楽しくなる。また、自分が身につけたことを子供に伝えることもできる。もっともっと上達して、人に教えてもいいだろう。

よく定年退職を迎えてからライフワークを見つけようとする人がいるが、それまで仕事一筋だった人はなかなかこれがむずかしい。また働きながら、何かをやるのも時間的な問題などで、思うようにはいかないものだ。

のちに働くにしろ、そうでないにしろ、ともかく専業主婦をやっている間に、ライフワークを見つけておけば、年齢を重ねてからもあわてることなく打ち込めるはずである。

女性こそ日本の企業を活性化できる

私が考えるもっともエキサイティングな男女関係というのは、会社の中での男女ではないかとつねづね思っている。

夫婦というのは、根幹に絶対的な愛があり、お互いの欠点をカバーし合う。たとえどんなダメ亭主でも、ダメな妻でも、「何があってもあなたを愛す」のが夫婦である。お互いに高め合う、磨き合うという夫婦関係では、互いに疲れきってしまうだろう。夫婦のパートナーというのはお互いに甘えたい存在である。わがままも出放題になる。高め合う、磨き合う関係とはすこし違う。

お互いに学び合い、高め合う関係、よい刺激を与え合い、切磋《せっさ》琢磨《たくま》できるような関係は、職場での男女関係であるというのが私の考えだ。男性と女性にはそれぞれ特有の視点があり、これがお互いのいい刺激にもなれば、補完し合うこともできる。まさに理想的な関係だ。

とくに今のような低成長の時代で、この先の商売をやっていくためには、女性的な論理、女性の視点は不可欠だと思う。言い換えれば、感性で動かしていくという部分が必要で、ロジックでかためすぎてしまうと身動きが取れなくなってしまう。

女性の人を見る視点やきめ細かく人の心理を見抜くとか、人の中に入り込んでいくというのはこれからのビジネス、経営にはなくてはならないものだと思う。「日本株式会社」はもはや男性社員だけでは支えきれない。

業績がいいときは、なにも問題はない。モノが売れなくなってきたときに、危機的になってきて、さらに「貧すれば鈍する」状態がやってくる。会社というのは、モノが売れて、景気よく回っていると問題意識が希薄になる。でも、そのいちばん利益が出て儲かっているときに、次の手を考えていないといけない。

今、日本経済はどうかというと、ようやく明るい兆しが見えてきた。株価も持ち上がってきたし、だんだん元気になってきているが、若干半信半疑なところがあって、昔のように単純な構図ではない。外国とのやりとりがさらにきびしくなってきている。こうしたことがより日本の経済状態を複雑にしている。

今は複雑なマネジメントを要求されるから、会社員は一様に先行きに漠然とした不安を感じている。こつこつと積み重ねてきた企業の価値も色あせた感じになっている。

男性が妙に元気がなくなってしまったようにも思う。しかし元気がない理由というのは、わりと、漠としている。そんなにはっきりとしたこともないのに、自分たちで落ち込んでいるように思う。

こんな時代こそ、女性が明るく元気に企業で働き、日本の経済に活気を取り戻したいものである。男性にない視点、考え方、やわらかい態度で仕事に取り組み、男性と補い合い、高め合っていければ、これほど素敵なことはない。

何でも体験し、挑戦してみることが生きることだ

私は若い人たちに、頭でっかち、計算ずくにならないでほしいと思う。

有名大学の女子学生のための就職講座で講演をしたことがあり、私の話のあとで質問を受けた。

「内定した企業は残業が多いらしいのですが、自分の時間が持てるでしょうか」

仕事を始める前から、悩んだり考え込んだりしている。私は、こう答えた。

「あれこれ恐れず、ご自分のやるべきことに最善を尽くしてください」

また、いろいろな機会に若い女性から、

「経営者になりたいのですが、どうやったらなれますか」

と訊かれることも多い。残念ながら、私はこの質問に対する答えを持ち合わせていない。支店長になろうとか、社長や会長になろうと思ってやってきたわけではないからだ。

情報過多の時代の若者は、将来のことを見通してしまって、自分ですべてわかった気になっている。じつはやってみないとわからないのに、やる前から情報が氾濫しているから、わかった気持ちになってしまう。いわゆる疑似体験というか、バーチャル体験で、何もかもわかったようなつもりでいる人が多い。

職場に対する発想もそうである。たとえば、企業で働いたことはない。ただ、アルバイトでちょっとした仕事を経験しただけで、会社というもの、社会というものをわかった気になる。もっと極端な場合は、テレビ番組を見ただけでわかった気になっている。『プロジェクトX』のような番組を見ると、働く人や職場のことが大変感動的に描かれている。五年、十年のことを、数十分の番組に縮めるから、波瀾万丈、ドラマ、ドラマの連続なのだ。たしかに見ていてドキドキしたり、感動したりするだろう。しかし実際の職場で、あんなに涙を流して語り合うことなどしょっちゅうあるわけではない。ああいう番組を見て、職場というものをとらえると、現実とのギャップに失望してしまう。

もっとネガティブな報道もある。企業の隠された面をことさらショッキングに暴きだしたり、仕事がひじょうに苦しいものだと描いたりするドキュメンタリー。こういう番組を鵜呑みにして、職場とはなんとひどいところだろうと思ってしまう人がいる。

よくよく考えてみれば、こうしたことは結局、情報が氾濫しているゆえの悲劇である。私たちの時代は、そういうものを垣間見ることができなかったから、ともかく入って、自分の目で確かめるしかなかった。情報がどんどん流れてくるから、結局それでつねに判断してしまう。それは情報過多の時代に育っている人たちの不幸でもある。もっと、自分で体験することを信じていただきたい。

お芝居や映画だって、評論家から絶賛されているから観に行ったらとんでもなかったりする。人の意見や宣伝に惑わされないで、自分の目で確かめてほしい。人の意見や評価はあくまでも参考にして、自分で取捨選択する習慣が大切だ。

生きていくと、思いがけないことに出くわすことがある。それが人生の妙味なのだ。もっとも人生の妙味なんて言っても、今の若い人はわからないかもしれない。それは日本語が死んでいる、日本のよさが失われているのだ。微妙な日本の言葉が大事にされていない。情緒性がひじょうに失われている。現実というのは、頭で考えるよりはるかに多様性があるのに……。

人生で大事なのはプロセスである。結果はあとからおのずとついてくる。

若い人たちはどうかせっかちにならず、早く結果を知ろうと焦らないでほしい。そこに至るプロセスをときには我慢したり、ときには楽しんだりしてほしいのだ。プロセスに耐えて、一生懸命やっているときにこそ、思いがけない面白さや喜びがある。それを味わうために、あまり先まで思いわずらわないでいただきたい。

「自分はここで、この会社で一生働いてどうなるんだろう……」

そんなことをくよくよ考えるヒマがあったら、今すべき仕事に最善を尽くしてください。何かを一生懸命やっていたら、かならず答えは返ってくる。こうしたら、こうなるだろうという計算はするべきではないのだ。お客様であれ、上司であれ、部下であれ、何かしらの縁があってお会いした人には一生懸命尽くして、率直に自分の気持ちを話して心から向き合う。これを続けていれば、ふと気がついたときに、それが何か、自分の新しい糧になっている。道はおのずと開かれていく。

会社で困難な仕事をやり抜くと、大きな満足感を得る。職場で味わう達成感、一瞬の喜びというのは、かけがえのないものだ。人生は、こうした喜びをいくつつくれるかだと思う。ふだんはそれほど楽しくてたまらないわけではない。むしろ苦しいこと、嫌なことも多い。しかし、苦労して、努力して、その一瞬を手に入れる達成感。それが欲しくてまた頑張る。それが生きるということだ。もちろん、やすやすと答えは見つからない。私が今懸命に取り組んでいるダイエー再建も生やさしいものではない。しかし、誰かから、

「ダイエーは再生しますか」

と訊かれたとき、私は、

「はい、再生します」

と即座にお答えするだろう。もちろん、未来のことは誰にもわからない。ただ、私の意志だけである。私は再生させるという意志があって、今を生きているのである。

林文子（はやし・ふみこ）

1946年、東京都生まれ。都立青山高等学校卒業。東レ、松下電器産業勤務の後、77年、ホンダの販売店に入社、トップセールスを達成。87年、BMW（株）入社。93年、新宿支店長に抜擢される。98年、中央支店長に就任。いずれの支店も最優秀支店に。在任中、フォルクスワーゲングループにスカウトされ、99年、直営であるファーレン東京（株）代表取締役社長就任。4年間で売上を倍増させる。2003年、BMW東京（株）代表取締役社長就任。05年5月、（株）ダイエー代表取締役会長兼CEO就任。現在ダイエー再生に賭ける日々である。著書に『失礼ながら、その売り方ではモノは売れません』（亜紀書房）。

編集協力・雑賀節子

一生懸命って素敵なこと

❋❋❋❋❋

2006年1月20日　第1刷発行

著　者　林　文子
装丁者　前橋隆道
発行者　木谷東男
発行所　株式会社 草思社
〒151-0051　東京都渋谷区千駄ヶ谷2-33-8
電　話　営業03(3470)6565　編集03(3470)6566
振　替　00170-9-23552
印　刷　株式会社三陽社
カバー　凸版印刷株式会社
製　本　大口製本印刷株式会社
ISBN4-7942-1470-7
Printed in Japan

私の仕事　緒方貞子

《国連難民高等弁務官の十年と平和の構築》著者はどのように難民支援の仕事に取り組んできたのか。厳しい国際社会の現実と著者の考え方が生き生きと描かれている感動の書。

定価 1680 円

長岡輝子の四姉妹　鈴木美代子

《美しい年の重ね方》妙子一〇一歳、輝子九六歳、春子八九歳、陽子八四歳。高齢になっても、姉妹はみな美しく、健康で、とても仲がいい。四姉妹の歩んだ道と、若さの秘密。

定価 1890 円

チョッちゃん　石井宏

東京山の手のある犬好きの一家と放浪犬の物語。この犬は自分の産んだ子犬三匹を奥さんの文恵さんの様子をうかがいながら一匹ずつ預けにくる。涙なくして読めない感動の書。

定価 1575 円

声に出して読みたい日本語　㊣②③④　齋藤孝

歌舞伎の名セリフ、漢詩、和歌、古文、近代詩など、覚えて声に出すと心地よい日本語の名文、名文句を集めた本。暗誦・朗読は身体に活力を与え、心の力につながると説く。

定価 ㊣③1260 円　②④1365 円

定価は本体価格に消費税5%を加えた金額です。